W0384643

Duden

150 Diktate
2. bis 4. Klasse

Regeln und Texte
zum Üben

Dudenverlag
Mannheim • Leipzig • Wien • Zürich

Nach den seit 1. 8. 2006 gültigen Rechtschreibregeln.

Bibliografische Information der Deutschen Nationalbibliothek
Die Deutsche Nationalbibliothek verzeichnet diese Publikation
in der Deutschen Nationalbibliografie; detaillierte bibliografische
Daten sind im Internet über http://dnb.ddb.de abrufbar.

Das Wort **Duden** ist für den Verlag
Bibliographisches Institut & F. A. Brockhaus AG
als Marke geschützt.

Alle Rechte vorbehalten.
Nachdruck, auch auszugsweise, vorbehaltlich der Rechte,
die sich aus den Schranken des UrhG ergeben, nicht gestattet.

© Bibliographisches Institut & F. A. Brockhaus AG,
Mannheim 2007 F E

Redaktionelle Leitung: Annika Renker
Redaktion: Claudia Fahlbusch
Autoren: Claudia Fahlbusch, Sandra Schauer, Alexandra Thiel

Herstellung: Claudia Rönsch
Layout: Horst Bachmann
Illustration: Steffen Butz
Umschlaggestaltung: Michael Acker
Umschlagfoto: Fotostudio Kauffelt, Mannheim
Umschlagillustration: Steffen Butz

Satz: Elstersatz, Stefan Hergenröder, Wildflecken
Druck und Bindung: Firmengruppe APPL, Wemding
Printed in Germany

ISBN 978-3-411-72621-9

Empfohlen für: 2 = 2. Klasse 3 = 3. Klasse 4 = 4. Klasse

1.4 Dehnung

1.5 Schärfung

2. Silben

2.1 Vorsilben

INHALT

6. Silbentrennung

7. Zeichensetzung

Liebe Eltern!

Diktate schreiben ist nicht schwer! Schon gar nicht, wenn es vielfältige Möglichkeiten zum Üben gibt. Dabei will dieses Buch helfen – mit 150 Diktaten für die zweite bis vierte Klasse.

Übung macht den Meister

Sie und Ihr Kind können dabei Schritt für Schritt vorgehen und sich pro Woche einen Diktattext vornehmen oder die Diktate als Vorbereitung auf die Klassenarbeit nutzen. Wenn es Fehlerschwerpunkte gibt, können Sie diese gezielt angehen.
Die einzelnen Kapitel greifen die relevanten Gebiete der Rechtschreibung auf. Im Inhaltsverzeichnis können Sie sich nach Klassenstufen orientieren, die Problemfelder ausfindig machen und dann die passenden Diktate auswählen.

Merkkästen

In den Kästen, die den Diktattexten vorangestellt sind, finden Sie kurze Regeln zu den entsprechenden Fehlerschwerpunkten. Mit den nachgestellten Beispieldiktaten kann Ihr Kind die hier genannten Regeln üben.

Innerhalb der Kapitel folgen die Übungsdiktate dem zunehmenden Schwierigkeitsgrad im Unterricht und auch die Länge der Diktate entspricht in etwa den Anforderungen des Unterrichts. Die Wörteranzahl

ist unter jedem Diktat angegeben. Die Wörter oder Satzzeichen, um die es vorrangig geht, sind farbig hervorgehoben.
Nehmen Sie sich Zeit – zum Diktieren, aber auch für die Nachbereitung. Ihr Kind kann bei Diktaten die unterschiedlichsten Fehler machen. Meist ist es jedoch so, dass Ihr Kind immer wieder über die gleichen Schwierigkeiten stolpert. Schauen Sie sich die geschriebenen Diktate deshalb genau an und finden Sie gemeinsam mit Ihrem Kind heraus, wo die Fehlerschwerpunkte liegen. Bei Bedarf können Sie so Diktate zu bestimmten Rechtschreibschwierigkeiten wiederholen.

Richtig üben

Die meisten Lehrerinnen und Lehrer gehen beim Diktieren nach einem bestimmten Muster vor. Das können Sie auch tun:
1. Lesen Sie zunächst den kompletten Text vor, damit Ihr Kind den Sinn des Textes kennenlernen kann.
2. Dann lesen Sie einen einzelnen Satz vor. Auch dies hilft Ihrem Kind, den Satz und seine Struktur zu verstehen.
3. Diktieren Sie dann jeden Satz langsam und betont nach Sprechtakten, weil ein ganzer Satz zum Merken oft zu lang ist. Wenn Sie mögen, können Sie die Sprechtakte vorab mit Bleistift im Text markieren.

4. Lesen Sie am Ende den gesamten Text noch einmal vor. Ihr Kind kann so überprüfen, ob es alle Wörter verstanden und richtig aufgeschrieben hat. Vielleicht hat es auch noch Lücken im Text, die es jetzt auffüllen kann.
5. Zum Schluss hat Ihr Kind ein weiteres Mal die Möglichkeit, seinen Text zu kontrollieren und zu verbessern. Schlagen Sie ihm vor, dass es den Text vorliest. So merkt es, ob es etwas vergessen hat, und kann sogar Fehler entdecken.

Lassen Sie sich hin und wieder auch auf einen Rollentausch ein. Ihr Kind darf Lehrer oder Lehrerin spielen und den Text vorlesen. Jetzt müssen Sie schreiben. Bauen Sie absichtlich zwei bis drei Fehler ein, die Ihr Kind finden kann.

Allein üben

Diktate kann man aber auch allein üben:
Beim **Eigendiktat** liest Ihr Kind den kompletten Text einmal durch. Dann deckt es den Text mit Papier oder Pappe so ab, dass es nur eine Zeile sieht. Diese Zeile merkt es sich und schreibt sie auf. So arbeitet es sich Satz für Satz bis zum Ende durch. Dann liest es den Text noch einmal und korrigiert Fehler, die es dabei entdeckt. Am Ende vergleicht es das Diktat mit der Vorlage und streicht Fehler farbig an.

Das **Schleichdiktat** funktioniert ähnlich wie das Eigendiktat, mit dem Unterschied, dass sich Ihr Kind dabei bewegen muss. Auch hier liest es den Text einmal durch, legt ihn dann aber an eine Stelle, zu der es von seinem Arbeitsplatz aus hingehen muss. Es liest einen Textabschnitt, geht zu seinem Arbeitsplatz und schreibt den Text dort auf. Dann geht es wieder zum Text, merkt sich den nächsten kurzen Teil, „schleicht" zu seinem Arbeitsplatz zurück und schreibt auch diesen Abschnitt auf. So arbeitet es sich durch das ganze Diktat. Am Ende liest es den Text noch einmal durch und korrigiert ihn, vergleicht ihn anschließend mit der Vorlage und markiert die Fehler farbig.

Beim **Kassettendiktat** liest Ihr Kind das Diktat zunächst einmal ganz durch. Dann spricht es den Text auf Band. Wichtig ist, dass Ihr Kind beim Lesen Pausen zwischen den Sinnabschnitten lässt. An diesen Stellen kann es das Band später anhalten, um den Abschnitt zu schreiben.

Sie sehen, Diktate kann man auf vielfältige Weise üben. Mit diesem Buch sind Sie und Ihr Kind auf jeden Fall auf dem richtigen Weg dazu! Wir wünschen Ihnen dabei viel Spaß und Erfolg!

Richtig schreiben in der 1. Klasse

Der Weg zum normgerechten Schreiben ist lang und manchmal mühevoll. Ihr Kind steht erst ganz am Anfang dieses Wegs! Es hat noch eine Menge Zeit, die Fülle an Regeln und Konventionen zu lernen. Wenn Kinder erste Versuche starten, Wörter aufs Papier zu bringen, erkennt man zuweilen nur durch lautes Nachsprechen, um welches Wort es sich hierbei handelt. Was Sie vielleicht amüsiert, aber auch verunsichert, ist in jedem Fall gut! Ihr Kind hat den ersten Schritt getan, wenn es lautgetreu aufschreibt, was es hört. Das ist die Grundlage für einen erfolgreichen Schriftspracherwerb. Darauf baut der erste Teil dieses Buches auf. Die nachfolgenden Übungen trainieren genau diese Grundlagen.
Erst mit der Zeit (ab Klasse 2) beachten Kinder beim Schreiben die ihnen bekannten Rechtschreibmuster, z. B. die Herleitung über den Plural (Pfer**d**, Pfer**d**e), und entdecken weitere Regelmäßigkeiten. Zunehmend stehen jetzt auch Lernwörter auf dem Plan, die keiner Regelmäßigkeit folgen. Geübt wird dies in den Hauptkapiteln des Buches. Wichtig ist und bleibt der Spaß am Schreiben! Unterstützen Sie diesen Spaß, auch neben dem gezielten Üben, und diktieren Sie z. B. Einkaufszettel und Wunschlisten. Nutzen Sie die Motivation der kleinen Schreibanfänger, ihr Können zu zeigen. Dabei wünschen wir viel Spaß und Erfolg!

Wörter zum lautgetreuen Schreiben

Die Wörter auf dieser Seite schreibt man so, wie man sie spricht. Ihr Kind kann sie lautgetreu aufschreiben. Dabei muss es die Laute unterscheiden, abhören und schließlich zu Papier bringen. Sprechen Sie deutlich, Ihr Kind soll genau hinhören und beim Schreiben laut mitsprechen.

Lea malt ein Bild: Hase, Esel, Blume, Rose, Auto, Baum, Wald, Sonne, Haus.

Toni kauft ein: Bananen, Ananas, Torte, Pilze, Wurst, Birnen, Brot, Schokolade, Melone, Salat, Kerzen, Saft, Tomaten, Eis, Senf, Gurken.

Maria mag gerne: lesen, toben, malen, feiern, reden, reiten, reimen, falten, rasen, schlafen.

Wörter mit schwierigen Konsonantenverbindungen

Wörter mit den Verbindungen **sp-, st-, -ng, -nk, ck** und **pf** sollte Ihr Kind immer wieder gesondert üben. Wir schreiben sie teilweise anders, als wir sie aussprechen. Das gilt auch für Wörter mit **ch** und **qu.**

Ben will **streiten**.
Ela mag den **Strand**.
Er **spricht** mit Sina.

Stefan **stört**.
War es nur **Spaß**?
Sie sucht **Steine**.

Oli **springt** mit dem Seil.
Lisa **winkt** Oma.

Anna **singt** schön.
Das Boot **sinkt**.

Das Bett ist **weich**.
Benno **macht Krach**.

Lisa hat **Besuch**.

Max macht **Quatsch**.
Der Frosch **quakt** im Teich.

Hanna **quasselt** gerne.

Waldi ist ein **Dackel**.

Lea findet eine **Schnecke**.

Emma sucht ein **Pflaster**.
Tom findet **Pferde** toll.

Es gab ein lautes **Pfeifkonzert**.

Kurze Wörter

Damit sich das Schriftbild dieser häufig benutzten Wörter bei Ihrem Kind einprägt, sollte Ihr Kind sie immer wieder üben.

ja nein und wenn dann doch
auch aber von vor jetzt ab
ein bisschen vielleicht nämlich

Wörter zur Schärfung

Nach einem kurzen Vokal folgen häufig doppelte Konsonanten. Diese Regel können Kinder am Anfang noch nicht erfassen. Das Schreiben nach Sprechsilben hilft ihnen aber (z. B. Löf-fel). Ihr Kind kann dies mit folgenden Wörtern üben.

Mittagessen: Messer, Löffel, Teller, Wasser, Kanne, Tasse, Butter, Suppe, Pommes.
Lea mag eine Karotte. Lollis sind aber noch besser.

Im Schwimmbad: Sommer, Sonne, schwimmen, Wasserbälle, Gewitter, rennen.
Die Sommersonne brennt vom Himmel.
Gewitterwolken kommen. Alle werden nass.

Schreiben nach Sprechsilben

Die folgenden Wörter soll Ihr Kind zunächst laut lesen und Silbenbögen setzen. Hilfreich ist, wenn Sie die Silben gemeinsam klatschen oder klopfen. Beim Schreiben werden diese Silben dann laut und deutlich mitgesprochen. Alle Wörter orientieren sich am lautgetreuen Schreiben.

Schokoladentorte	Limonadenglas
Tomatensalat	Regenbogenfarben
Kellertreppe	Donnerwetter
Puppenteller	Mantelkragen
Pausenbrotdose	Polizeiauto
Ritterburgen	Bananenmilchkanne
Ananassaft	Nudelsuppenschüssel
Butterblume	Bastelschere
Radiosender	Kassettenhülle
Mausefalle	Klassenkassendose

1. Laute und Buchstaben

1.1 Vokale: Umlaute und Doppellaute

ö und ü

Neben den Vokalen (Selbstlauten) **a, e, i, o, u** gibt es im Deutschen auch die Umlaute **ä, ö** und **ü.** Mit diesem Diktat kannst du die Schreibung von **ö** und **ü** üben.

Schön und blöd

Mia schreibt auf, was sie im Urlaub **schön** findet und was **blöd**.
Sie mag **Möwen** am Meer. Den **Müll überall** am Strand findet Mia **blöd**. Was **könnte** Mia noch **mögen**?

33 Wörter

Mia **hört** gern Kassetten, schwimmt oder **löst** Rätsel. Am Abend **dürfen** alle lange wach bleiben. Alle sind **fröhlich**. Das ist **schön**.
Eigentlich findet Mia fast nichts **blöd**.

27 Wörter

Von a nach ä

Die meisten Wörter mit **ä** haben ein verwandtes Wort mit **a** (erklären – klar, jährlich – Jahr, Bälle – Ball). Nur wenige Wörter mit **ä** haben kein verwandtes Wort mit **a.** Diese musst du dir merken (siehe Seite 25).

Antons Hosentasche

Mutter will waschen. Sie **räumt** Antons Hosentasche aus. Sie findet **ältere Nägel**, **Bänder** und auch einen **glänzenden** Stein. Sie schreit **ängstlich** auf. Ein Regenwurm. Tim wundert sich. Der Regenwurm ist doch nicht **gefährlich**. Im Garten freut sie sich über jeden.

42 Wörter

Von au nach äu

Du schreibst ein Wort mit **äu,** wenn es sich von einem Wort mit **au** ableiten lässt (träumen – Traum, Käufer – kaufen, Häuser – Haus, einzäunen – Zaun). Einige Wörter wie „Knäuel" und „Säule" kannst du aber nicht ableiten. Diese Wörter musst du dir einprägen.

Kinderträume

In Jans Traumwelt gibt es nur wenige **Häuser**. Dafür viele **Bäume**, Blumen und **Sträucher**. Jeden Tag kauft Mama **Gummimäuse** bis die **Bäuche** platzen. **Aufräumen** ist streng verboten. Spielen und **träumen** gibt es als Hausaufgabe.

Was fällt dir noch ein?

40 Wörter

Wörter mit eu

Die Doppellaute (Zwielaute) **eu** und **äu** klingen oft gleich. Mit **äu** schreibt man ein Wort, wenn es ein verwandtes Wort mit **au** gibt (siehe Seite 20). Mit **eu** schreibt man, wenn es kein verwandtes Wort mit **au** gibt.

Das neue Beet

Inga **heult**. Sie ist so traurig. Draußen regnet es. Es hört gar nicht mehr auf. Das ist gemein. Sie wollte **heute** doch die Blumen in ihrem **neuen** Beet gießen. Sie hatte sich schon so darauf **gefreut**.

39 Wörter

Wörter mit ai

Die Doppellaute **ei** und **ai** werden gleich ausgesprochen. Es gibt nur wenige Wörter mit **ai** (z. B. Waise, Laich, Rain, Hain). Diese Wörter musst du dir merken.

Der Kaiser

Der **Kaiser** hat heute keine gute Laune. Denn alle **kaiserlichen** Angestellten bringen ihm schlechte Nachrichten. Der Bäcker hat keinen **Mais** mehr. Er kann deshalb kein **Maisbrot** backen. Es ist aber nur noch ein **Laib** übrig.
Im Zoo breiten sich die **Maikäfer** aus. Sie sind eine richtige Plage. Die **Haie** müssen auch noch gefüttert werden. Es ist aber kein **Haifutter** mehr da.
Der Hofnarr klagt, weil er sein **Saiteninstrument** verloren hat. Das macht den **Kaiser** aber froh. Denn der Hofnarr spielt wie ein **Laie**.

85 Wörter

Wörter mit ei

Die Doppellaute **ei** und **ai** werden gleich ausgesprochen. Meistens schreibt man **ei.** Die wenigen Wörter mit **ai** musst du dir einprägen (siehe Seite 22).

Basteln

Annika und Simone haben Kastanien, **kleine Steine**, **Eicheln**, Rinde und Hagebutten gesammelt. Jetzt malen sie die **Steine** an und basteln **ein** Pferd aus Kastanien, Männchen aus **Eicheln** und Schiffe aus Rinde.
Tobias fädelt **eine** Kette aus Hagebutten auf. Er ist **eifrig bei** der Sache und fädelt und fädelt. **Gleich** muss er im Flur **weiterarbeiten** oder auf **eine Leiter steigen**. Er **zeigt** Annika und Simone **seine** Kette. Sie finden sie **meisterhaft**. Aber nun machen die **drei** erst **einmal eine** Pause. Es gibt **Erdbeereis**!

83 Wörter

Wörter mit ai und ei

Die Doppellaute **ai** und **ei** werden meistens gleich ausgesprochen. Mit **ai** schreibt man nur wenige Wörter. Diese musst du dir gut einprägen (siehe Seite 22).

Unwettermeldung

Im vergangenen **Mai** wurde die Pazifikinsel **Hawaii** von **einem** gewaltigen **Taifun heimgesucht**. Der Sturm brachte **reihenweise** Schiffe zum Kentern, Nahrungsmittel auf den Feldern wie **Weizen**, **Mais** und **Reis** wurden vernichtet. Da etliche **Leitungen** zerbrochen wurden, hatten viele Menschen **kein** fließendes Wasser und **keinen** Strom mehr. **Verzweifelt** und **schreiend** rannten Frauen, Kinder und Männer durch die **einsamen** Straßen und suchten nach vermissten Angehörigen. Andere wiederum versuchten, mit **einem Teil** ihres **Eigentums** dem Katastrophengebiet zu entkommen. An **einigen** Stellen trieben **Leichen** von Tieren und auch Menschen im Wasser. Für sie kam **leider** jede Hilfe zu spät.

95 Wörter

Wörter mit ä ohne Stammableitung

Die meisten Wörter mit **ä** haben ein verwandtes Wort mit **a** (siehe Seite 19). Nur manche Wörter mit **ä** lassen sich nicht von einem Wort mit **a** ableiten (z. B. Bär, Käfer, März). Diese musst du dir gut merken!

Ein Märchen

Es waren einmal ein zotteliger **Bär**, ein **Känguru**, ein **Käfer** sowie ein Löwe mit großer **Mähne**. Sie spielten gemeinsam an einem wunderschönen See im Wald und machten dabei viel **Lärm**.
Plötzlich stand ein kleines **Mädchen** vor ihnen. Sie hatte sich verlaufen und flehte die Tiere an, ihr aus dem dichten Wald zu helfen. Als Gegenleistung streckte sie den Tieren **Gummibärchen** und **Käse** entgegen. Beides hatte sie von ihrem Einkauf in einer Tasche.
Damit waren die Tiere einverstanden und zeigten ihr sofort den richtigen Weg, denn es war schon **spät** geworden. Glücklich rannte das **Mädchen** in die Arme seiner Eltern.

101 Wörter

1.2 Konsonanten

b oder p

Die Laute **B/b** und **P/p** klingen am Anfang eines Worts oft ähnlich (Bein – Pein, backen – packen). Du kannst sie durch deutliches Sprechen unterscheiden. Am Wort- oder Silbenende sind die Laute **b** und **p** häufig kaum zu unterscheiden. Wenn du die Wörter aber verlängerst oder ein verwandtes Wort suchst, weißt du, ob **b** oder **p** geschrieben werden muss (Korb – Körbe, Lob – loben, lieb – lieber, Lump – Lumpen).

Das Ferienerlebnis

Alle Freunde von Leon fuhren in den Ferien in **Urlaub**. Nur Leon **blieb** zu Hause. Er **gab** seinen Eltern die Schuld. Doch am ersten Schultag konnte er von einem **Ferienerlebnis berichten**, das nur er hatte. Er hatte einen **Bruder bekommen**.

42 Wörter

pf oder f

Ob du **Pf/pf** oder **F/f** schreiben musst, kannst du oft nur durch deutliches Aussprechen unterscheiden. Du kannst dir außerdem merken: Nach **m** schreibt man immer **pf,** nach **n** schreibt man **f.**

Das Picknick

Im Wetterbericht stand: „Sehr starke Bewölkung mit Schauerneigung." Jetzt regnet es wirklich. „Muss unser Picknick **ausfallen**?", **fragen** die Kinder. Zuerst **schimpfen** sie. Sie hatten sich so **darauf gefreut**. Dann werden sie **vernünftig**. Sie machen ihr Picknick **einfach** drinnen.

40 Wörter

Carsten breitet die Wolldecke aus. „Das ist die Wiese", **ruft** Sarah, „und der Stuhl ist der **Pflaumenbaum**!" Sofie stellt Mutters **Topfblumen** von der **Fensterbank auf** die **Deckenzipfel**, damit die schöne Wiese nicht verrutscht. Als Mutter hereinschaut, sitzen alle **auf** der Wiesendecke. Sie essen **Äpfel**. War der Stuhl etwa ein **Apfelbaum**?

50 Wörter

d oder t

Am Wort- oder Silbenende kann man die Laute **d** und **t** oft kaum unterscheiden. Verlängere das Wort oder suche ein verwandtes Wort (kalt – Kälte, Wald – Wälder). Verben (Tunwörter) in der 3. Person Einzahl enden immer mit **t** (er fliegt, es gibt).

Das Schmeckspiel

Die Kinder spielen. Annas Augen **sind mit** einem **Band** zugebunden. **Jemand steckt** ihr **etwas** in den **Mund**. Das **ist** Schokolade. Auf einmal **schimpft** Anna wie **wild**. Wer **hat** ihr ein Stück Zitrone gegeben?

35 Wörter

g oder k

Die Laute **g** und **k** klingen am Wort- oder Silbenende oft gleich. Suche ein verwandtes Wort (lag – liegen, stark – Stärke).

Der Ausflug

Die Klasse 2 macht einen **Ausflug**. Sie fahren mit dem **Zug** und laufen zu einer **Burg**. Sie spielen Ritterspiele im **Park**. Dann gibt es ein Rittermahl im **Burghof**. Alle essen mit den Händen. Wie die Ritter.

38 Wörter

v oder f

Die meisten Wörter mit einem f-Laut am Anfang des Worts werden mit **F/f** geschrieben. Nur bei wenigen Wörtern schreibt man den f-Laut am Anfang als **V/v** (z. B. Vogel, verlieren, Vater, Veilchen, vielleicht, vier, von). Solche Wörter musst du dir merken.

Langeweile

Es regnet. Max langweilt sich. Der **Vater** macht **viele Vorschläge**. Aber Max will jetzt kein Buch lesen.
Er will auch sein Bild nicht **fertig** malen. Mit seiner Schwester will er nicht spielen, weil sie ihm heute **viel** zu klein ist. Seine **Freunde** sind **verreist**, und **Flöte** üben will er nicht, weil ihm das zu mühsam ist.
Da **verliert** der **Vater** die Geduld: Jetzt muss Max erst den Mülleimer ausleeren und dann den **Vogelkäfig** sauber machen.
Später **findet** der **Vater** Max im Wohnzimmer **vor** dem **Fernseher**.

86 Wörter

x

Es gibt nur wenige Wörter mit **x.** Präge sie dir am besten gut ein! Mit diesem Diktat kannst du sie üben. Außerdem gibt es Laute, die wie ein **x** klingen können (siehe Seite 34).

Der Hexentrank

Maxi hat sich als **Hexe** verkleidet. Jetzt fehlt nur noch der **Hexentrank**. Sie liest in ihrem Zauberbuch nach. Das Buch hat sie sich **extra** gekauft. **Maxi** will nämlich eine **Expertin** werden. Sie kann den **Text** im Buch nicht richtig lesen. Deshalb schüttet sie einfach verschiedene Flüssigkeiten in den **Mixer**. Der Zaubertrank **explodiert**.
Gleichzeitig hält draußen ein **Taxi**. **Verflixt**! Papa kommt nach Hause. Er war bei einem **Boxkampf**. Zum Glück hat er gute Laune. **Fix** räumen sie zusammen die Küche auf.

82 Wörter

qu

Wörter mit dem Laut „kw“ werden immer mit **Qu/qu** geschrieben. Es gibt kein deutsches Wort, das mit kw geschrieben wird. Schreibe also immer **Qu/qu**, wenn du den Laut „kw“ hörst.

Am Strand

Vater sonnt sich, Mutter liest ein Buch. Florian **quengelt**. Er will mit seinen Eltern Wasserball spielen. Aber Vater ist das Wasser zu nass und Mutter findet ihr Buch gerade so spannend.
Da füllt Florian Mutters Badekappe mit Wasser und schleicht sich an seine Eltern heran. Er spritzt Vater auf den heißen Bauch und Mutter auf den Rücken.
Mutter **quiekt**. Ihr Buch ist nass geworden.
Vater fängt den **Quatschmacher** und zieht ihn ins Wasser.

75 Wörter

ch oder sch

Die Laute **ch** und **sch** können sehr ähnlich klingen (Kirsche – Kirche, manchmal – manschen, Wellensittich – Schreibtisch). Bei deutlicher Aussprache erkennst du den Unterschied leicht. Manchmal hilft es dir auch, wenn du das Wort verlängerst (diebisch – diebische Freude, regnerisch – regnerisches Wetter).

Bücher sind toll

Bücher sind **herrlich**. In ihnen leben **gerechte** Könige, **englische** Ritter und **freche Frösche**. **Manchmal** gibt es auch **richtige** Halunken. Sie freuen **sich diebisch** über ihre **Streiche**.
Und **manchmal** werden **prächtige Hochzeiten** gefeiert. In der **Kirche** ist alles sehr **feierlich**. **Danach** wird es **gemütlich**. Der **Tisch** für die Gäste ist **festlich geschmückt**. Es gibt riesige **Kirschtorten**, leckeres **Fleisch** und **erfrischende** Getränke. Alles ist **einfach köstlich**!
Wenn man das liest, bekommt man **richtig** Hunger. **Vielleicht** ist ja noch **Kirschtorte** in der **Küche**?

83 Wörter

ng oder nk

Wenn du nicht weißt, ob du **ng** oder **nk** schreiben musst, dann sprich das Wort deutlich aus. Meistens hörst du dann den Unterschied. Um ganz sicher zu sein, kannst du das Wort auch verlängern oder verändern (fängt – fangen, jung – Junge, krank – Krankenwagen).

Frank ist krank

Am **Anfang** hatte **Frank** nur Schnupfen. Dann bekam er eine **Entzündung** im Hals und Fieber. Jetzt ist er richtig **krank** und muss im Bett bleiben.
Normalerweise **springt Frank** morgens fröhlich aus dem Bett. Dann **singt** er unter der Dusche. Danach packt er **flink** seine Schultasche und **zankt** sich kurz mit seinem Bruder. Es ist immer etwas los!
Im Bett gibt es keine **Abwechslung**. Morgen will ihn sein **Onkel** besuchen. Der **bringt** ihm ein **Geschenk** mit. Dann wird **Frank** bestimmt schnell wieder gesund.

85 Wörter

Der ks-Laut

Der ks-Laut kann unterschiedlich geschrieben werden: mit **chs** (Fuchs), **cks** (Klecks), **gs** (unterwegs) oder **x** (Hexe). Beim Hören kann man die verschiedenen Schreibungen kaum unterscheiden. Oft hilft es aber, wenn du nach der Wortfamilie fragst, aus der das Wort stammt (Klecks – klecksen, unterwegs – Weg, anfangs – Anfang).

Die Eidechse

Felix hatte die Aufgabe, in einem **Lexikon** über **Eidechsen** zu lesen und Informationen zu sammeln. Dies hat er herausgefunden:
Eidechsen leben gerne auf Wiesen oder in Gärten. Ihre Körpertemperatur ist nicht wie bei uns Menschen immer gleich, sie **wechselt** je nach Außentemperatur. Deshalb mögen diese Tiere sonnige, warme Stellen. Sie fressen Spinnen und Würmer, aber auch Früchte. Wenn sich **Eidechsen** bedroht fühlen, können sie ihre Schwanzspitze abwerfen. Diese **wächst** dann wieder nach.
Eidechsen sind meist bräunlich oder grünlich mit **klecksförmigem** Muster. So sind sie gut getarnt und fallen in ihrem Lebensraum kaum auf.

95 Wörter

4. KLASSE

Konsonanten und Konsonantenverbindungen

Es gibt viele gleich und ähnlich klingende Konsonanten, Konsonantenverbindungen und schwierige Laute (siehe Seite 26 bis 34). Mit diesem Diktat kannst du sie alle üben.

Aufräumen

Wie sieht es wieder im Kinderzimmer aus? Alles liegt auf dem Teppich herum! Die Kasperlefiguren, die Pfeile, das Plastikpferd, ein Quarkbecher, Geschenkpapier, der Ball, die Pinsel, Janas bunte Tücher, Daniels alter Turnbeutel, Tims Trompete und Annas Boxhandschuhe. Dann liegen noch Schulhefte mit Tintenklecksen herum, ein leerer Vogelkäfig und ein Springseil. Auf einem Teller findet Mutter ein altes Stück Kirschkuchen. Sie ist stinksauer und will, dass das Zimmer ganz flink aufgeräumt wird. Es soll ordentlich sein.

Die Kinder wollen aber nicht aufräumen, sondern Fußball spielen. Ganz schnell räumen sie alles in den Schrank und unter das Bett. Abends wundert sich Mutter über das aufgeräumte Zimmer. Unter dem Bett guckt Kasperles rote Mütze hervor.

113 Wörter

1.3 s-Laute

s am Wortende

Am Ende eines Worts schreibt man **s,** wenn man beim Verlängern ein weich gesprochenes, stimmhaftes **s** hört (Glas – Gläser, Maus – Mäuse, Preis – Preise).

Ein Haus für Mia

Mia träumt. Sie hat sich auf dem Rummel ein **Los** gekauft und den **Hauptpreis** gewonnen: ein **Haus**! Die **Haustür** ist knallrot. Die Wände sind aus **Glas**. Mia schaut **hinaus**. In ihrem Garten wachsen bunte Blumen, **Gras** und **Moos**. Ein kleiner Weg aus **Kies** führt zu einem Stall. Darin leben eine **Gans** und eine **Maus** mit ihrer ganzen Familie.
Mia wacht auf. **Irgendwas** muss sie noch erledigen. **Was** war **das** nur? Ach ja! Sie muss unbedingt noch **Mäusefutter** kaufen.

82 Wörter

3. KLASSE

ss am Wortende

Nach einem kurzen, betonten Vokal schreibt man das stimmlose (scharfe) **s** meistens als **ss** (Fluss, muss, nass).

Leni hat Stress

Leni ist aufgeregt. Sie **muss** morgen einen Vortrag halten. **Anlass** ist der Sporttag in der dritten **Klasse**. Das Thema lautet: **Fairness**. Wenn sie daran denkt, werden ihre Hände ganz **nass**. Ihr Gesicht ist ganz **blass**, **sodass** sich ihre Mutter schon Sorgen macht. Sie gibt Leni einen **Kuss** auf die Wange und sagt: „**Schluss** jetzt, Leni! Mach dir keinen **Stress**. Du hast deinen Vortrag doch geübt. Er ist toll!" Auf Mutter war bisher immer **Verlass**. Also macht Leni **Schluss** für heute.

83 Wörter

ß am Wortende

Nach einem langen Vokal oder Doppellaut schreibt man das stimmlose (scharfe) **s** meistens als **ß.**

Ohne Fleiß kein Floß

Leo hilft seinem **Großvater** beim Rasenmähen. Es macht überhaupt keinen **Spaß**. Der **Schweiß** läuft ihm den Rücken hinunter.
Er sagt zu seinem **Großvater**: „Es ist so **heiß**. Lass uns zum See gehen und mit unserem **Floß** fahren! Wir geben dem **Floß** einen kräftigen **Stoß** mit dem **Fuß** und fahren auf den See hinaus.“
Der **Großvater** antwortet: „Das können wir machen. Aber zuerst müssen wir den Rasen mähen. Du weißt doch: Das **Maß** aller Dinge ist der **Fleiß**. Ohne **Fleiß** kein **Floß**!“

85 Wörter

s, ss und ß

Nach Konsonanten und am Wortanfang steht immer **S/s** (Hals, Erbse, Sinn, Salz). Es steht auch nach einem Vokal, Doppellaut oder Umlaut in der Wortmitte (Hase, Gebläse). Nach einem kurzen Vokal schreibt man den s-Laut meistens als **ss** (Fluss, essen). Ausnahmen sind z. B.: bis, Bus, Kürbis. Nach einem langen Vokal oder Doppellaut steht meistens **ß** (Fuß, Floß, außen, weiß). Manchmal steht nach langem Vokal oder Doppellaut auch das stimmlose **s** (Pflaumenmus, Haus).

Reparieren lohnt sich

Mürrisch kommt Christoph von **draußen** herein. **Wortlos setzt** er **sich** hin. „**Was ist** denn **los**?“, fragt der Vater. „Jannik hat ein **neues** Fahrrad“, brummt Christoph. „Ach **so**“, lacht der Vater, „da **muss** ich mir deine alte Karre wohl mal **ansehen**.“

Christophs Fahrrad **sieht** schlimm **aus**. Der Vater und Christoph holen Werkzeug. Dann **schließen sie das abgerissene** Lichtkabel an. **Sie** schrauben eine neue Birne in die **Schlussleuchte** und ziehen die lockeren Schrauben an der **Handbremse fest**. Ein **rotes Glas** für den **Rückstrahler** und ein **neues Schloss** will der Vater noch **besorgen**.

Am **nächsten** Tag findet Christoph eine brandneue **Satteltasche** mit Werkzeug an **seinem** Rad. Auf einem **großen** Zettel **steht**: „Dem **fleißigen Bastler** viel **Spaß** beim Radfahren!“

118 Wörter

Weiches und scharfes s

Das stimmhafte (weiche) **s** schreibst du immer als **s.**
Das stimmlose (scharfe) **s** schreibst du nach langem Vokal oder Doppellaut meistens als **ß** und nach kurzem Vokal als **ss.**

Die Reise ans Meer

Anne und Max **sind sehr** aufgeregt. Heute werden **sie gemeinsam** mit ihren Eltern **ans** Meer **verreisen**. **Bisher** waren **sie** noch nie **so** weit weg.
Hastig packen **sie Hosen**, **Blusen**, **Kassetten**, **Taucherflossen** und **vieles** mehr in ihre Koffer. **Es** kann **losgehen**! **Leise sitzen** die **Geschwister** im Auto und schauen **aus** dem **Fenster**. Endlich machen **sie Rast**, um zu **vespern**. **Außerdem** bekommen Anne und Max ein **großes Eis spendiert**. Dann **brausen sie** weiter.
Nach langer Fahrt kommt die Familie am **Ferienhaus** an. **Rosen** stehen im Garten und **das Gras** ist **saftig** grün. Ein **Kiesweg** führt zu einem kleinen **Fluss**. Alle **sind begeistert** und freuen **sich** auf **diesen** Urlaub.

110 Wörter

das oder dass

Das Wörtchen **das** mit **s** ist ein Artikel (das Fahrrad) oder ein Pronomen. (Das gefällt mir gut. Das Buch, das ich gelesen habe, ist spannend.) Schreibe das Wort **das** immer mit **s,** wenn du **welches, dieses** oder **jenes** einsetzen kannst. (Das Buch, welches ich gelesen habe, ist spannend.)
Das Wörtchen **dass** mit **ss** ist ein Bindewort. Es verbindet zwei Sätze miteinander. (Ich weiß, dass du das Buch hast. Es gefällt mir so gut, dass ich es ausleihen möchte.) Schreibe immer **dass** mit **ss,** wenn du nicht **welches, dieses** oder **jenes** einsetzen kannst.

Das Fußballspiel

Paul wurde von seinem Vater zu einem Fußballspiel eingeladen. Sie fuhren mit dem Auto zum Stadion, **das** einige Kilometer entfernt lag. Plötzlich standen sie in einem Stau. **Das** hatte ihnen gerade noch gefehlt! **Dass** sie so lange brauchen würden, hatten sie nicht gedacht.
Pünktlich zum Spielbeginn standen sie auf ihren Plätzen und verfolgten **das** Spiel. Auf einmal lag ein Spieler am Boden. **Dass** Paul nicht gesehen hatte, was passiert war, ärgerte ihn ein wenig. Aber der Gegner sah ein, **dass** er einen Fehler gemacht hatte, und entschuldigte sich bei dem anderen. **Das** war eine nette Geste. **Dass das** solch ein spannendes Spiel werden würde, hatte niemand vermutet.

109 Wörter

das oder dass

Man schreibt **das** mit **s,** wenn es ein Artikel oder Pronomen ist. **Dass** mit **ss** schreibt man, wenn es ein Bindewort ist (siehe Seite 41).

Der Igel

Einmal im Jahr bekommt die Igelmutter Junge. **Das** Igelbaby, **das** blind zur Welt kommt, hat bereits Stacheln. Diese sind jedoch noch sehr weich. So kommt es auch, **dass das** Weibchen bei der Geburt nicht verletzt wird.
Dass sich Igel zusammenrollen können, ist wichtig für sie. **Das** schützt sie vor ihren Feinden. Wusstest du, **dass** der Mensch der größte Feind des Igels ist? Viele dieser Tiere werden von Autos überfahren.
Der Igel ist ein Tier, **das** nachts wach ist und am Tag schläft. Deshalb ist es wichtig, **dass** Igel gut hören und riechen können.

95 Wörter

1.4 Dehnung

Doppelvokale (aa, ee, oo)

Um lang gesprochene Vokale (Selbstlaute) zu kennzeichnen, wird der Vokal manchmal verdoppelt. Es gibt nur wenige Wörter mit Doppelvokal (z. B. Aal, Waage, Meer, Schnee, Boot, Moos). Diese Wörter musst du dir merken.

Benno und Lea

Benno und Lea sind ein **Paar**. So steht es an der Tafel. Wer hat das geschrieben? Benno sieht sich in der Klasse um. Die Kinder raufen sich die **Haare**. Nur ein Mädchen lächelt Benno zu. Lea.

39 Wörter

Vielleicht gehen Benno und Lea später zusammen zum **See**. Benno rudert das **Boot** für Lea.

15 Wörter

Doppelvokale (aa, ee, oo)

Es gibt nur wenige Wörter mit Doppelvokalen (siehe Seite 43). Präge sie dir gut ein!

Tee für Maja

Maja will ans **Meer**. Sie könnte mit dem **Boot** fahren und ihre **Haare** im warmen Wind flattern lassen. Daheim ist es kalt. Es liegt noch **Schnee**. Maja kocht sich einen **Tee** und träumt vom **Meer**.

38 Wörter

ie

Einen lang gesprochenen i-Laut schreibt man in der Regel mit **ie** (Biene, tief, Sieb). Ausnahmen sind z. B.: Biber, Igel, Tiger, Kino, dir, wir (siehe Seite 49).

Grüne Nudeln

Olli hat Geburtstag. Er wird **vier** Jahre alt. Mutter kocht sein **Lieblingsessen**: Nudeln mit Fleischsoße.
Heute plant **sie** eine Überraschung. **Sie** kocht grüne Nudeln.
Beim Mittagessen **schiebt** Olli seinen Teller weg. Er beschwert sich: „**Die** Nudeln sind ja noch gar nicht reif."

44 Wörter

Fasching

Die dritte Klasse feiert Fasching der **Tiere**. Zuerst hüpfen **vier** Affen herein. **Die Biene** Maja schwirrt hinterher.
Ein Schmetterling mit **riesigen** Flügeln passt nicht durch **die** Tür. Paul bindet sich **die** Flügel ab. Er will **lieber** eine Raupe sein und dafür **mitspielen**.

43 Wörter

Dehnungs-h

Ein **h** dehnt einen Vokal (Selbstlaut) oder Umlaut und macht ihn lang. Dieses **h** kannst du meistens nicht hören (Lehrer, Uhr, Huhn, Gefühl).

Die Neue

Alle sind ganz aufgeregt. Heute kommt eine neue Schülerin in die Klasse. Wie sie wohl aussehen wird? Endlich kommt sie mit der **Lehrerin**. Lara heißt sie. Sie hat schwarze Locken, schwarze Augen und dunkle Haut. Die **Lehrerin führt** sie an den Platz neben Markus.

46 Wörter

Markus **lehnt** sich zurück und flüstert seinem Freund Timo zu: „Die **sieht** ja aus, als ob sie zu viel Kakao getrunken hätte." Steffi hat das gehört und zischt Markus zu: „Und du bist **wohl** in eine **Mehlkiste** gefallen, du Bleichgesicht!" Da muss Markus nachdenken.

44 Wörter

Dehnungs-h

Das Dehnungs-h kennzeichnet lange Vokale oder Umlaute. Du kannst es meistens nicht hören (siehe Seite 46).

Simone ist umgezogen

Natalie sitzt am Fenster. Der Himmel **sieht** trübe aus. Genauso **fühlt** sie sich, seit Simone weggezogen ist. Sie **fühlt** sich einfach nicht mehr **wohl**. Schokoladeneis schmeckt wie Spinat, Blumen riechen wie Fisch und Natalie **fühlt** sich wie **gelähmt**. **Ihr** macht nichts mehr Spaß. Die Sonne will nicht **mehr** scheinen. Es regnet nur noch, seit Simone nicht **mehr** gegenüber **wohnt**.

Natalie schreibt **ihr** einen Brief. Sie **erzählt ihr ihren** Kummer. Danach wird sie sich bestimmt ein bisschen **wohler fühlen**.

81 Wörter

Verlängerung bei Dehnungs-h

Bei manchen Verben hörst du das Dehnungs-h (siehe Seite 46 bis 47) in der Grundform (sah – sehen), bei Adjektiven in der Vergleichsstufe (nah – näher) und bei Nomen in der Mehrzahl (Reh – Rehe, Kuh – Kühe).

Die tollste Schule der Welt

Die Traumschule liegt **nah** an einem See. Sie ist außerdem von einer großen Wiese umgeben, auf der man ein **Reh** oder eine **Kuh** grasen sehen kann. Sie ist außen und innen bunt, denn die Kinder haben die Wände **besprüht**. Der Unterricht beginnt nicht **früh** am Morgen, sondern dann, wenn die Kinder Lust dazu haben. In jedem Zimmer **steht** eine **Stehlampe**, die Schüler sitzen auf Sofas und die **Lehrer** haben nur einen **Stehplatz**.
Alle **Lehrer** und Kinder sind **froh**, dass es diese Schule gibt.

88 Wörter

Wörter mit langem, unmarkiertem i

Das lang gesprochene **i** wird meistens durch **ie** gekennzeichnet. Es gibt aber auch Wörter, bei denen das **i** lang gesprochen, aber nicht gekennzeichnet wird (Apfelsine, Maschine, Brise, Krokodil).

Früher und heute

Immer wenn uns Opa von früher erzählt, nehmen meine zwei Brüder und ich unsere Kuscheltiere in den Arm, ein **Kaninchen**, einen **Biber** und ein **Krokodil**. Dann setzen **wir** uns vor den offenen **Kamin**. Zuletzt hat Opa uns erzählt, dass viele **Familien** früher nicht genügend Geld hatten, um sich besondere Dinge wie **Mandarinen**, **Margarine**, **Rosinen** oder **Medizin** zu kaufen. Kinder spielten mit Steinen oder selbst gemachten Spielsachen, aber fast kein Kind hatte eine kleine **Lokomotive**.
Danach fanden **wir** es **prima**, dass **wir** es jetzt einfacher haben.

88 Wörter

Dehnungsphänomene auf einen Blick

Wörter mit einem langen Vokal können unterschiedlich gekennzeichnet werden: mit Doppelvokal (Meer, Boot, Haar), mit Dehnungs-h (Lehrer, Reh, nah), mit **ie** (riechen, Sieb, tief) oder ohne Kennzeichnung (siehe Seite 43 bis 49). Mit diesem Diktat kannst du alle Dehnungsphänomene üben.

Wie eine Stadt zu ihrem Namen kam

In einem **Krieg** gegen die Sachsen musste Kaiser Karl der **Große** mit seinem fränkischen **Heer fliehen**.
Als **sie** an den Main **kamen**, **lag** dichter Nebel über **dem** Fluss. Wo war **die** Furt, über **die** man sich ans andere **Ufer** retten konnte?
In seiner **Not kniete** der Kaiser **nieder** und betete.
Und **siehe** da: **Wie** durch ein Wunder **trat die** Sonne **hervor**. **Die** Franken konnten nun sehen, **wie** eine weiße **Hirschkuh** mit **ihrem** Kalb sicher den Fluss durchschritt. Rasch folgten **sie ihr** durch die Furt.
Hinter **ihnen** schloss sich **die** Nebelwand **wieder**.
Die Franken waren gerettet.
An **dieser** Furt entstand eine Stadt. Weißt du, **wie** **sie** heißt?

113 Wörter

4. KLASSE

Zusammentreffen von drei gleichen Vokalen

Manche Wörter haben am Wortende Doppelvokale (See, Tee, Klee, Schnee, Zoo). Wenn aus solchen Wörtern Zusammensetzungen gebildet werden, treffen manchmal drei gleiche Vokale aufeinander (Seeelefant, Schneeeule). Dann musst du alle drei Vokale schreiben.

Der Traum

In der letzten Nacht hatte ich einen seltsamen Traum. Zunächst befand ich mich auf riesigen Feldern. Auf dem einen Feld erfolgte die **Kleeeinsaat**, während auf einem anderen bereits die **Kleeernte** stattfand. Außerdem konnte ich bei einer **Teeernte** und bei einer **Kaffeeernte** zusehen. Etwas getrockneten Tee füllte ich in ein Tütchen und brachte dieses zu meiner Oma, weil sie Tee sehr mochte. Dieses Mal verwendete sie nicht den **Teeeinsatz**, sondern das **Teeei**. Zudem kochte sie für Opa Kaffee mit **Kaffeeersatz**.
Danach träumte ich von einem **Armeeeinsatz**. Die Soldaten retteten **Seeelefanten** in einem Zoo. Im Hintergrund war ein **Zooorchester** zu hören. Dann wachte ich plötzlich auf.

106 Wörter

1.5 Schärfung

Kurze Vokale vor doppelten Konsonanten

Nach kurzen Vokalen (Selbstlauten) oder Umlauten folgen meistens zwei Konsonanten (Mitlaute). Es können zwei gleiche Konsonanten sein (Puppe, Kasse, Sonne, füllen).

Feuer

Ein Haus am Marktplatz **brennt**. **Helle Flammen** schlagen aus dem Dach. Die **Feuerwehrmänner** spritzen mit **Wasser**. Dicker Rauch **quillt** aus den Fenstern. Niemand ist verletzt. Aber die **tollen Sonnenblumen**, die **Mutter** auf dem Markt gekauft hat, riechen noch **mittags** nach Rauch.

42 Wörter

Kurze Vokale vor doppelten Konsonanten

Um kurze Vokale oder Umlaute zu kennzeichnen, folgen ihnen oft zwei gleiche Konsonanten (siehe Seite 52).

Fernsehen oder Fußball?

Kai **stellt** den Wecker. Er **will** die Kindersendung nicht **verpassen**. Da **kommen** seine Freunde. Sie **wollen** mit ihm **Fußball** spielen. Er **rennt** mit ihnen hinaus. **Drinnen rasselt** der Wecker. Niemand **stellt** ihn ab.

36 Wörter

Kai **kommt** nach Hause. Der Wecker **rasselt immer** noch. Er **stellt** ihn ab. Jetzt ist es ganz **still** in der Wohnung. Die Kindersendung hat er **verpasst**. Das ist aber nicht **schlimm**. **Fußball** ist viel **besser** als Fernsehen.

37 Wörter

Kurze Vokale vor doppelten Konsonanten

Nach kurzen Vokalen (Selbstlauten) oder Umlauten folgen meistens zwei Konsonanten (Mitlaute). Es können zwei gleiche Konsonanten sein (siehe Seite 52).

Das geteilte Zimmer

Emma und Tina teilen sich ein **Zimmer**. **Immer** wieder ärgert sich **Emma** über die Unordnung ihrer kleinen Schwester. Die **Kassetten** liegen im **Puppenbett** und die Bücher liegen unter dem **Bett**. Was **kann Emma** nur tun?

38 Wörter

Eines Tages ist **Emmas** bunter **Pulli** in den Papierkorb **geknüllt**. Da wird es ihr zu **dumm**. Sie **nimmt** ihr Springseil und legt es **mitten** ins **Zimmer**. Diese Grenze darf nicht **überschritten** werden.
Da klingelt es an der Haustür. Wie **soll Emma** nun aus dem **Zimmer kommen**?

46 Wörter

Kurze Vokale vor ss im Wortinneren

Im Wortinneren schreibt man **ss,** wenn davor ein kurz gesprochener Vokal oder Umlaut steht (müssen, fressen, bisschen, Messer).

Klasse Hausaufgaben

Nina ist auf dem Weg ins Schwimmbad. Sie schnappt ihren **Schlüssel**, nimmt ein **bisschen** von ihrem Taschengeld, wirft ihre **Taucherflossen** in die Tasche und läuft zur Tür. Nichts kann sie heute davon abhalten, ins kühle **Wasser** zu springen.

40 Wörter

Da will ihr Vater **wissen**, ob sie die Hausaufgaben erledigt hat. Mit gutem **Gewissen** kann Nina ihre Hausaufgaben aber heute im Schwimmbad machen. Die Kinder sollen ausprobieren, was schwimmt und was sinkt. Nina jedenfalls kann schwimmen. Das sind doch **klasse** Hausaufgaben.

41 Wörter

Kurze Vokale vor ss im Wortinneren

Nach einem kurzen Vokal oder Umlaut schreibst du das stimmlose (scharfe) **s** als **ss.**

Herbstfreuden

Hannes und Laura **müssen** heute im Garten Laub zusammenharken. Weil es regnet, sind beide schon ganz **durchnässt**. Das **Wasser** läuft in ihre Schuhe. Das ist ärgerlich.
Hannes und Laura stopfen die Blätter in Müllsäcke. Nach einer Weile meint Hannes stolz: „Wir werden immer **bessere** Laubstopfer. In diesen Sack **passt** schon viel mehr hinein als in den ersten."
Jetzt sind sie endlich fertig und können **essen** gehen. Es gibt Suppe und dazu eine **Tasse** heiße Milch.

76 Wörter

Kurze Vokale vor zz

Nach einem kurzen Vokal folgen oft zwei gleiche Konsonanten. Das gilt auch beim **z.** Statt **zz** schreibt man aber meistens **tz.** Es gibt nur wenige Wörter mit **zz** (z. B. Pizza, Razzia, Skizze). Diese musst du dir merken.

Die Razzia

Was für eine **Hetze**! Felix will heute **Pizza** backen. Er hat aber noch nicht eingekauft. In einer halben Stunde macht der Supermarkt zu. Schnell **kritzelt** er sich einen Einkaufszettel, **setzt** sich auf sein Fahrrad und **flitzt** schnell wie der **Blitz** zum Supermarkt.
Dort findet gerade eine **Razzia** statt. Auf dem **Parkplatz** steht ein **Dutzend** Polizeifahrzeuge. Der Supermarkt ist abgesperrt. Heute darf niemand mehr einkaufen.
„Macht nichts", denkt Felix, „dann essen wir unsere **Pizza** heute einfach in der **Pizzeria**."

80 Wörter

Kurze Vokale vor tz

Nach einem kurzen Vokal wird auch der Konsonant **z** verdoppelt. Statt **zz** schreibt man aber meistens **tz.** Eine Ausnahme ist z. B. Pizza (siehe Seite 57).

Ein riesengroßes Eis

Martin ist wütend. Seine Schwestern dürfen bei dieser **Hitze** ins Schwimmbad gehen. „Alle dürfen, nur ich nicht“, schimpft er. Aber Martin hatte gestern noch Fieber. Da ist es vernünftiger, wenn er zu Hause bleibt. Er **sitzt** in seinem Zimmer und schmollt.
Plötzlich spitzt er die Ohren. Vater kommt früher als sonst vom Büro nach Hause. Er hat Eis für die ganze Familie mitgebracht.
Martin **flitzt** in die Küche und holt zwei Löffel. Er jubelt: „Alle sind im Schwimmbad, nur ich nicht!“

84 Wörter

Kurze Vokale vor ck

Nach einem kurzen Vokal wird auch der Konsonant **k** verdoppelt. Statt **kk** schreibt man **ck.** Eine Ausnahme ist z. B. Mokka.

Das Versteckspiel

Die Kinder spielen **Verstecken**. Steffi muss suchen. Da blitzt Silkes knallrote **Jacke** hinter der Hoftür hervor. Steffi bemerkt sie gleich. Auch als Florian suchen muss, wird Silke sofort **entdeckt**. „Du siehst ja aus wie ein Feuermelder. Sehr passend bist du nicht angezogen“, meint Timo.
Als Timo dann selbst suchen muss, hat Silke eine Idee. Sie hängt ihre rote **Jacke** hinter eine **Hecke**. Sie selbst **hockt** sich hinter die Mülltonne. Timo fällt auf den **Trick** herein und läuft zur **Hecke**. Schnell schlägt Silke sich frei.

86 Wörter

Kurze Vokale vor tz und ck

Nach kurzen Vokalen schreibt man **tz** statt **zz** und **ck** statt **kk** (siehe Seite 58 bis 59).

Die Adventsfeier

Die Klasse 4 plant eine Adventsfeier. Sie laden Eltern, Großeltern, Geschwister und Lehrer ein, **backen Weihnachtsgebäck**, **putzen** und **schmücken** ihr Klassenzimmer. Das Zimmer dekorieren die Mädchen und Jungen mit selbst gebastelten **Glöckchen**, **Schneeflocken** und Sternen. Alles **blitzt** und blinkt. Außerdem bereiten die Kinder kleine **Päckchen** vor, die sie den Erwachsenen als Überraschung geben werden.
Nun kommen die Gäste. Sie **setzen** sich auf ihre **Plätze** und **gucken** gespannt der Vorführung ihrer Kinder zu. Es wird gesungen und getanzt, **Witze** und Gedichte werden vorgetragen. Alle sind **entzückt** und klatschen vor Begeisterung.

91 Wörter

Konsonantenhäufung

Nach einem kurzen Vokal oder Umlaut stehen oft doppelte Konsonanten (siehe Seite 52 bis 60) oder zwei oder mehr unterschiedliche Konsonanten (Fruchtsaft, winzig, halten). Das nennt man Konsonantenhäufung.

Schatzsuche

1. Gehe **zuerst** nach **links** bis zur **Kreuzung**. Etwa 50 Meter **rechts** davon steht ein grünes Haus. Wie viele **Fenster** zählst du?
2. Gehe durch die **Apothekergasse**, bis du auf einen **Brunnen** stößt. Wie viele **Wasserspeier** hat er?
3. **Jetzt verlässt** du den **Platz** und gehst die **Fischergasse hinunter** zur **Brücke**. Wie viele Pfeiler hat die **Brücke**?
4. Gehe **links** am Ufer **entlang**. Was für einen Baum **findest** du nach 50 Metern?
5. **Dort wendest** du dich nach **links** und gehst bis zu einem **alten**, hohen **Bauwerk** aus rotem Stein.

Nimm den 11., 7. und 1. Buchstaben seines Namens. **Errätst** du den **Schatz**? Zu Hause **wartet** er auf dich.

110 Wörter

Konsonantenhäufung

Nach kurzen Vokalen oder Umlauten folgen oft zwei gleiche oder mehrere unterschiedliche Konsonanten (siehe Seite 61).

Die Kreuzotter

Die **Kreuzotter** ist die **einzige giftige Schlange** in **Deutschland**. Für den **Menschen ist** ein **Biss nicht lebensgefährlich**. **Trotzdem** haben viele Leute **Angst** vor ihr. **Wird** man **dennoch plötzlich gebissen**, **sollte** man **rasch** einen **Arzt** aufsuchen. Die **Schlange frisst** Mäuse, **Eidechsen** und **Frösche**. Dabei **spritzt** sie **zuerst** über ihre **spitzen** Zähne das **Gift** in die Beute und **verschlingt** sie **dann ganz**.
Kämpft ein **Männchen** gegen ein **anderes**, so **ist Paarungszeit**. Der Stärkere **bekommt jetzt** das Weibchen. Es **bringt** 5 bis 15 **Junge** zur **Welt**. Sie werden **lebend** geboren, **denn** das **Junge schlüpft** bereits in der **Mutter** aus dem Ei.

100 Wörter

Zusammentreffen von drei gleichen Konsonanten

Manche Wörter haben am Wortende doppelte Konsonanten. Werden aus solchen Wörtern Zusammensetzungen gebildet, treffen manchmal drei gleiche Konsonanten aufeinander. Du musst dann alle drei schreiben (Balletttänzerin, Rollladen).

Vorfreude

Als Jan an diesem Morgen aufstand und aus dem Fenster blickte, sah er die hellen **Stalllichter** des Bauernhofes in der Ferne leuchten.
Er war zu früh aufgewacht, denn er freute sich auf die **Schifffahrt** mit seinem Onkel. Dennoch kuschelte er sich nochmals in sein **Betttuch**, aber er konnte nicht mehr schlafen.
Langsam wurde bei Jan eine **Missstimmung** spürbar, denn er langweilte sich sehr. Wieder sah er aus dem Fenster und beobachtete zunächst einen riesigen **Schrotttransporter**, der die Straße entlangfuhr, dann eine Raupe auf einem **Brennnesselblatt**. Endlich hörte er seine Eltern. Voller Freude hüpfte er wie ein **Balletttänzer** zu ihnen.
Bald, so wusste er, würde die große Fahrt beginnen.

109 Wörter

2. Silben

2.1 Vorsilben

ent-

Vorangestellte Wortbausteine (Vorsilben) können die Bedeutung von Wörtern verändern. Bei der Vorsilbe **Ent-/ent-** musst du auf den hart gesprochenen Auslaut **t** achten (entscheiden, entzwei, Enttäuschung). Achte auch darauf: Wenn die Wortfamilie „Ende“ gemeint ist, schreibt man den Wortbaustein mit **d** (endgültig, Endspurt, endlich).

Die Entschädigung

Niclas hat heute ein **entscheidendes** Fußballspiel. Nun hat er einen **entzündeten** Hals. Mama muss ihn **entschuldigen**.
Niclas ist **enttäuscht**. Mama bringt ihm ein Eis zur **Entschädigung**.
„Und was sagt man?“, fragt sie. „Mehr“, **entgegnet** Niclas nur noch ein bisschen wütend.

42 Wörter

ge-

Vorsilben können die Bedeutung von Wörtern verändern. Viele Wörter haben die Vorsilbe **Ge-/ge-** (packen – Gepäck, Berg – Gebirge). Mit der Vorsilbe **ge-** wird auch das Perfekt (2. Vergangenheit) gebildet.

Der Rotstift

Tom hat den roten Stift seiner Lehrerin **gefunden**.
Er lag unter seiner Bank und hat **geleuchtet**.
Ob er ihn behalten soll? Sie hat ihn sicher schon **gesucht**. Tom könnte „gut **gemacht**“ unter seinen Aufsatz schreiben.
Schnell bringt er ihn doch zurück. „Gut **gemacht**“, lobt die Lehrerin nun auch so.

51 Wörter

un-

Es gibt viele Wörter mit der Vorsilbe **Un-/un-.** Durch diese Vorsilbe können Wörter eine andere Bedeutung bekommen (Glück – Unglück, glauben – unglaublich).

Der Unfall

Anne fährt Fahrrad. Damit alle das neue Rad sehen, macht sie einfach **Unfug**. Das ist nicht **ungefährlich**. Tatsächlich schauen alle zu.
Plötzlich stürzt sie **unglücklich**. Auch das haben alle Kinder gesehen.
Diesen Gedanken findet Anne **unerträglich**.
Aber das Fahrrad haben sie jedenfalls bestaunt.

45 Wörter

ver-

Bei der Vorsilbe **Ver-/ver-** musst du dir ganz besonders die Schreibung mit dem Buchstaben **V/v** merken (raten – verraten, reisen – verreisen, Kleidung – Verkleidung).

Der Verdacht

Heute war der Direktor in der Schule als Nikolaus **verkleidet**. Ich hatte gleich den **Verdacht**, dass es nicht der richtige Nikolaus war. Aber ich wollte den Kindern nicht den Spaß **verderben** und habe nichts **verraten**.

37 Wörter

In der Nacht habe ich dann leise Geräusche vor meiner Tür gehört. Nun war ich **verwirrt** und gar nicht mehr sicher, ob es den Nikolaus wirklich nicht gibt.

28 Wörter

vor-

Vorsilben können die Bedeutung von Wörtern verändern. Merke dir bei der Vorsilbe **Vor-/vor-** besonders, dass du sie mit dem Buchstaben **V/v** schreiben musst (singen – vorsingen, Fahrt – Vorfahrt).

Die Bande

Lisa will eine Bande gründen. Alle wollen mitmachen. Jeder muss verschiedene Aufgaben erfüllen. Etwas **vortanzen**, **vorsingen** und **vorspielen**.
Jens mag aber nicht singen. Er könnte vielleicht **vor** ____________. Überlege selbst. Lisa ist sicher etwas eingefallen.

36 Wörter

2. KLASSE

miss-

Vorangestellte Wortbausteine können die Bedeutung der Wörter verändern. Einige Wörter werden mit der Vorsilbe **Miss-/miss-** gebildet (Erfolg – Misserfolg, trauen – misstrauen). Sie drückt ein schlechtes Gegenteil aus.

Das Missverständnis

Jonas ist ziemlich **missmutig**. Es gab ein blödes **Missverständnis** mit Lara, seiner Schwester. Sie ist aber auch immer so **misstrauisch**! Eigentlich wollte er ihr nur Glück für die Mathearbeit wünschen. Die Arbeit war aber schon gestern und sie war ein echter **Misserfolg** für Lara. Natürlich dachte Lara dann, dass Jonas sie ärgern will. Jetzt redet sie kein Wort mehr mit ihm. Sie schmollt und **missachtet** ihn. Das **missfällt** Jonas sehr.
Vielleicht klappt es morgen besser. Da will er ihr Glück fürs Diktat wünschen.

85 Wörter

ur-

Die Vorsilbe **Ur-/ur-** hat meistens etwas mit „zurückliegend“ oder „alt“ zu tun. Verwechsle diese Vorsilbe nicht mit dem Nomen „Uhr“!

Meine Uroma

Meine **Uroma** ist zwar **uralt**, aber sie erzählt immer spannende Geschichten.
Ursprünglich lebte sie in einem weit entfernten Land bei den **Ureinwohnern** im **Urwald**. Sie war nämlich eine berühmte Forscherin.
Seit zwei Jahren wohnt sie in unserer Nähe. In ihrer kleinen Wohnung hängen viele **Urkunden**. Die hat sie für ihre Arbeit bekommen. Auf ihrem Balkon wachsen viele riesige Pflanzen. Papa sagt immer: „Hier sieht es ja aus wie im **Urwald**!“
Ich glaube, meine **Uroma** hat ein bisschen Heimweh.

80 Wörter

zer-

Mit der Vorsilbe **zer-** werden aus vielen Wörtern neue Wörter gebildet (reißen – zerreißen, sägen – zersägen).

Julia Wüterich

Julia ist furchtbar wütend. Ihr kleiner Bruder Timo hat ihre neue Glasfigur **zerbrochen**. Sie hat sie erst gestern von ihrem Taschengeld gekauft. Jetzt will sie sich rächen.

Sie stellt sich vor, was sie alles machen könnte: Sie könnte Timos neues Heft **zerreißen**, seine Luftballons **zerplatzen** lassen, sein Pausenbrot **zerquetschen** und seine Hausaufgaben **zerfetzen**.

Aber eigentlich will sie das gar nicht. Es war bestimmt keine Absicht von Timo. Julia will sich auch gar nicht mit ihm **zerstreiten**. Denn eigentlich mag sie ihren Bruder sehr.

85 Wörter

er-, zer-, ver- und vor-

Vorsilben können die Bedeutung von Wörtern verändern (siehe Seite 64 bis 71). Viele Wörter werden mit den Vorsilben **er-, zer-, ver-** und **vor-** gebildet.

Die Geburtstagseinladung

Dieses Jahr will Lars keine **vorgedruckten** Einladungen zum Geburtstag **verschicken**. Er will sie lieber selbst schreiben. Nach der zweiten Einladung jammert Lars: „Das ist ja viel zu lang. Bis ich das neunmal abgeschrieben habe, bin ich **erledigt**. Wahrscheinlich **verschreibe** ich mich ganz oft. Dann muss ich die Einladungen **zerreißen**. Das könnte ich nicht **ertragen**!“

Lieber Alexander,
weißt du eigentlich, dass ich am 2.10. 2006 wieder einmal Geburtstag habe? Ich werde den Geburtstag ganz groß feiern. Willst du kommen? Wir fangen um 15.00 Uhr an und hören nicht vor 19.00 Uhr auf. Du weißt ja, wo ich wohne.

Viele Grüße
Lars

101 Wörter

2.2 Nachsilben

-chen und -lein

Nachgestellte Wortbausteine bestimmen die Wortart. Wörter mit den Nachsilben **-chen** und **-lein** sind Nomen (Namenwörter, Substantive) und werden großgeschrieben (Korb – Körbchen, Haus – Häuschen, Fisch – Fischlein).

Alles wird klein

Mit -chen und -lein zauberst du alles klein. Aus einem riesigen Stück Gemüse wird ein kleines **Stückchen**. Aus dem dicken Kuss von Tante Ida wird ein kleines **Küsschen**. Willst du noch mehr zaubern?

36 Wörter

Mache aus der riesigen Flasche Medizin ein kleines **Fläschchen**. Aus dem großen Fisch machst du ein kleines **Fischlein**. Nur bei dem gefährlichen Löwen wirkt der Zauber leider nicht.

28 Wörter

-ling

Wörter mit der Nachsilbe **-ling** sind Nomen (Namenwörter, Substantive) und werden großgeschrieben (Schmetterling, Keimling, Pfifferling).

Frühling im Wald

Im Wald habe ich eine Raupe gefunden. Sie sitzt in meiner Becherlupe. Sehr glücklich sieht mein **Zögling** nicht aus. Schweren Herzens lasse ich die Raupe wieder frei. Vielleicht kommt sie mich als **Schmetterling** besuchen.

37 Wörter

-los, -ig, -lich, -isch, -bar, -sam und -haft

Mit den Nachsilben **-los, -ig, -lich, -isch, -bar, -sam** und **-haft** können Adjektive gebildet werden. Manchmal kann es etwas schwierig sein, **-lich** und **-ig** zu unterscheiden. Dann kann es dir helfen, das Wort zu verlängern oder zu verändern (geizig – der geizige Mann, herrlich – das herrliche Wetter).

Sonderangebote

„Bis gleich“, ruft Mutter, „ich gehe noch schnell Brot kaufen!“ Lena wartet **ungeduldig**. Ihr Magen knurrt **höllisch**. Wo Mutter nur steckt? **Langsam** wird es Lena **unheimlich**. Ob etwas passiert ist?
Endlich hört Lena den Schlüssel im Schloss. „Wo warst du denn so **schrecklich** lange?“, fragt Lena. Die Mutter erzählt: „Ach, es gab so wunderschöne Sonderangebote, so preiswert und **vorteilhaft** war alles, da musste ich einfach zugreifen.“
Lena hilft beim Auspacken: **kernlose** Apfelsinen, **haltbare** Milch, sogar Gummibärchen … Lena sucht: „Und wo ist das Brot?“

85 Wörter

-nis, -ung, -heit, -keit und -tum

Mit den Nachsilben **-nis, -ung, -heit, -keit** und **-tum** können Nomen gebildet werden (meinen + ung = Meinung, tapfer + keit = Tapferkeit).

Die Familie des Grafen Dagobert

Die **Tapferkeit** des Grafen Dagobert ist bekannt. Nicht so bekannt ist die **Bosheit** seines Bruders Hubert. Über die **Schönheit** seiner Schwester spricht aber die ganze Grafschaft. Sie und ihr Mann kommen häufig zur **Beratung** in Dagoberts Schloss.
Immer wieder ein **Erlebnis** ist auch der Auftritt von Tante Hildegard. Ihr ganzer **Reichtum** ist an ihrem Schmuck zu sehen. Sie sieht vor **Eitelkeit** in jeden Spiegel.
Für Dagobert ist das ein großes **Ärgernis**. Deshalb hat er im Schloss alle Spiegel abgehängt.

84 Wörter

-nis und -in

Wörter mit den Nachsilben **-nis** und **-in** sind Nomen und werden großgeschrieben. In der Mehrzahl wird **-in** zu **-innen** und **-nis** zu **-nisse** (Künstlerin – Künstlerinnen, Rektorin – Rektorinnen, Ereignis – Ereignisse, Wagnis – Wagnisse, Geheimnis – Geheimnisse).

Zukunftspläne

In der Schule sprechen die Kinder über Berufe.
Kim will **Sängerin** werden, weil sich **Sängerinnen** alles vom Herzen singen können.
Anna will später **Tierärztin** werden, auf keinen Fall **Lehrerin**. **Lehrerinnen** müssen immer so viel wissen.
Sven möchte gerne Pilot werden. Dafür müssen seine **Zeugnisse** aber sehr gut sein und seine Eltern müssen ihr **Einverständnis** geben.
Vielleicht sollte er doch lieber Koch werden. Damit sind seine Eltern bestimmt einverstanden. Er kann dann jeden Tag ihr Lieblingsessen kochen.

77 Wörter

-schaft

Mit der Nachsilbe **-schaft** kann man Nomen bilden (Land + schaft = Landschaft, verwandt + schaft = Verwandtschaft).

Die Familienfeier

Daniel muss heute mit seinen Eltern zu einer Familienfeier. Dort trifft sich die ganze **Verwandtschaft**. Meistens ist es langweilig für Daniel.

Onkel Franz erzählt immer vom Krieg und von der **Gefangenschaft**. Tante Hermine schimpft auf die **Gesellschaft**. Oma Liese berichtet vom Streit mit der **Nachbarschaft**. Onkel Peter hält jedes Mal eine lange Rede. Darin geht es immer um **Hilfsbereitschaft**, **Gemeinschaft** und **Freundschaft**.

Danach gibt es aber wenigstens für die ganze **Mannschaft** leckere Sachen zu essen und zu trinken.

80 Wörter

-ik

Wörter mit der Nachsilbe **-ik** sind Nomen und werden großgeschrieben (Technik, Musik, Optik).

Eine schwierige Aufgabe

Immer, wenn sich Lars und Leon langweilen, gibt ihnen Onkel Hans eine schwierige Aufgabe, die sie lösen müssen.
Heute sollen die Geschwister möglichst viele Wörter finden, die mit „ik" enden. Den beiden Jungs fallen sofort die Wörter **Klinik**, **Musik** und **Fabrik** ein, dann aber zunächst keine mehr.
„Zählen auch die Wörter Comic und dick?", möchte Leon wissen. Sein Onkel verneint die Frage und die Kinder überlegen weiter. Nach längerer Zeit können sie weitere Wörter auf ihrem Blatt notieren: **Plastik**, **Optik**, **Atlantik** und **Grammatik**.
Danach haben sie keine Lust mehr. Aber ein Wort hören sie noch, als ihr Onkel ruft: „Ich mache jetzt meine **Gymnastik**!"

107 Wörter

-tion

Wörter mit der Nachsilbe **-tion** sind Nomen und werden großgeschrieben. Es sind meistens Fremdwörter (Spedition, Produktion, Situation).

Ab ins Krankenhaus

Vor einigen Tagen hat Simon starke Bauchschmerzen bekommen. Er dachte, es sei eine **Reaktion** auf das viele Eis, das er bei seiner **Konfirmation** gegessen hatte.
Abends wurden die Schmerzen aber nicht besser. Seine Mutter suchte in einem Buch nach einer **Information**, die ihr beschrieb, was Simon haben könnte. Sie ging allerdings von einer harmlosen **Infektion** aus und machte sich keine Sorgen.
In der Nacht hielt es der Junge nicht mehr aus. Sie fuhren ins Krankenhaus und Simon wurde sofort operiert.
Die **Operation** verlief gut und es ging ihm gleich viel besser. „**Gratulation**“, sagte seine Oma, „du warst ein tapferer Junge.“

103 Wörter

-ieren

Die meisten Verben haben in der Grundform die Endung **-en** oder **-n** (laufen, setzen, spielen, jubeln, feiern). Es gibt aber auch einige Verben mit der Endung **-ieren** (buchstabieren, gratulieren).

In der Schule

Heute müssen sich die Schüler einer 4. Klasse gegenseitig über bestimmte Themen **informieren**. Die Kinder, die sich für die gleiche Fragestellung **interessieren**, setzen sich an einen Gruppentisch. Nicht alle **kapieren**, was der Lehrer von ihnen erwartet. Deshalb **reagieren** sie nicht und bleiben an ihren Plätzen sitzen. „Ihr sollt euch gefälligst mehr **konzentrieren**", meint der Lehrer daraufhin. „Warum **kritisieren** Lehrer ständig?", fragen sich die betroffenen Kinder. Beleidigt setzen sie sich zu ihren Mitschülern und **verschmieren** aus Trotz mit ihren Bleistiften die Tische. Nach kurzer Zeit **radieren** sie es aber wieder weg und arbeiten dann an der Gruppenarbeit eifrig mit.

101 Wörter

3. Groß- und Kleinschreibung

3.1 Grundsätzliches

Satzanfänge

Das erste Wort im Satz schreibt man groß. Auch nach einem Fragezeichen oder einem Ausrufezeichen beginnt der nächste Satz mit einem Großbuchstaben.

Weißt du den Namen?

Es ist nicht weiß. **Es** mag es heiß. **Es** ist groß wie ein Baum. **Man** sieht es hier kaum. **Es** ist nicht klein. **Es** hat braune Flecken, sehr fein. **Der** Hals ist lang. **Fast** wie ein Strang.

41 Wörter

Eigennamen

Eigennamen werden großgeschrieben (Maxi, Frau Stotz, Philipp Meier).

Die Klassenliste

Die neue Lehrerin vergisst immer wieder unsere Nachnamen. Sie holt die Klassenliste und liest die Namen. Da muss sie lachen: „Das ist ja ein richtiges Berufsverzeichnis: **Timo Bauer**, **Luisa Förster**, **Tina Koch**, **Stefan Müller**."

36 Wörter

Nach einer kurzen Pause liest sie weiter: „**Christian Schmied**, **Laura Schneider**, **Anne Wagner**. Ach, und da steht sogar noch ein **Kuchenbäcker**." Dass die neue Lehrerin **Frau Schäfer** heißt, haben wir euch noch nicht verraten.

34 Wörter

Nomen

Nomen (Namenwörter, Substantive) werden großgeschrieben. Sie bezeichnen Personen (die Lehrerin), Tiere (der Bär), Pflanzen (die Tanne) und Dinge (das Buch).

Das Vogelhäuschen

Katrin und **Florian** beobachten die **Vögel** vor dem **Fenster**. Es ist ganz still im **Zimmer**. **Meisen** und **Spatzen** picken die **Körner** auf. Eine dicke **Amsel** will ihnen alles wegfressen. Plötzlich poltert **Max** ins **Zimmer** und tapst gegen die **Fensterscheibe**. Schade! Er wollte doch auch **Vögel** beobachten.

48 Wörter

Kennzeichnung von Nomen durch Artikel

Du kannst ein Nomen am Artikel (Begleiter) erkennen. Es gibt bestimmte Artikel (der, die, das) und unbestimmte Artikel (ein, eine). Der Artikel muss nicht direkt vor dem Nomen stehen (der Baum, der alte Baum, ein alter Baum).

Nach den Ferien

Morgen fängt **die Schule** wieder an. Laura packt **das Schreibheft**, **das Rechenheft** und auch **die** neuen **Buntstifte** in **den Rucksack**. Soll Laura noch **ein Kuscheltier** einpacken? Warum nicht? Sie geht doch erst in **die** zweite **Klasse**.

39 Wörter

Verben

Verben (Tunwörter) werden in der Regel kleingeschrieben. Sie bezeichnen, was Menschen, Tiere, Pflanzen oder Dinge tun (reden, brüllen, wachsen).

Gespenster

Es **trippelt** ums Haus,
komm doch mal raus!
Es **klopft** ans Fenster,
sind es Gespenster?
Es **trommelt** aufs Dach,
schau doch mal nach.
Es **kommt** nicht herein.
Was **mag** das nur sein?

33 Wörter

Wer kann es lauter?

Nina **hat** einen Kanarienvogel. Er **heißt** Caruso. Er **zwitschert** und **trillert** den ganzen Tag. Er **ist** ein fleißiger Sänger. Oft **singt** Caruso sehr laut. Heute **hat** er sogar einmal **versucht**, den Staubsauger zu **übertönen**.

38 Wörter

Adjektive

Adjektive (Wiewörter, Eigenschaftswörter) werden in der Regel kleingeschrieben. Mit Adjektiven kann man Menschen, Tiere, Pflanzen und Dinge näher beschreiben (ein großes Haus, ein hübsches Mädchen, ein großer Hund, eine rote Blume, ein schnelles Auto).

Ostern

Die Kinder suchen Ostereier. Nele findet ein **buntes** Ei hinter dem Busch. Nils sieht ein **großes**, **rotes** Ei. Dort liegt ein **hübscher** Osterhase. Schnell legen sie alles in den Korb und suchen weiter. Der **kleine** Lars sitzt vor dem Korb und lässt es sich schmecken.

46 Wörter

Neue Schuhe

Mama und Anne kaufen **neue** Schuhe für den Winter. Sie können sich aber nicht einigen. Die **glänzenden** Lackschuhe sind zu **teuer**. Die **luftigen** Sandalen sind zu **kalt**. Die **blauen** Bindeschuhe sind zu **klein**. Nur die Schlittschuhe finden beide gut. Aber die kann Anne auch gut gebrauchen.

48 Wörter

Abstrakte Nomen

Nomen werden großgeschrieben. Konkrete Nomen können wir sehen und anfassen (der Stuhl, die Tasse). Abstrakte Nomen bezeichnen Dinge, die wir fühlen, denken oder uns vorstellen können (die Wärme, die Liebe, das Paradies, die Pause).

Das Paradies

Was ist eigentlich das **Paradies**?
Für Mutter ist es eine Insel in der Südsee. Sie sehnt sich nach Meer, Sonne, **Wärme**, **Zufriedenheit** und **Geborgenheit**. Auf ihrer Trauminsel gibt es keine **Angst** vor der **Zukunft** und keine **Not**.
Für Vater ist das **Paradies** ein langer **Urlaub**. Er braucht unbedingt eine **Pause** vom **Ärger** in der Firma.
Der kleine Anton stellt sich das **Paradies** so vor:
Es ist wie ein ganzes Jahr **Ferien**!
Was ist dein **Traum** vom **Paradies**?

79 Wörter

Kennzeichnung von Nomen durch bestimmte Endungen

An den Endungen **-heit, -keit, -ung, -schaft, -nis** und **-tum** kannst du Nomen erkennen (Klarheit, Sauberkeit, Leistung, Mannschaft, Verwandtschaft, Ereignis, Heldentum). Sie werden großgeschrieben.

Die Belohnung

Unser Lehrer hat eine **Auszeichnung** verdient. Bei ihm gibt es keine **Ungerechtigkeit**. Wenn es Streit gibt, fragt er immer nach unserer **Meinung**. Erst dann trifft er eine **Entscheidung**.
Man kann ihm auch jedes **Geheimnis** anvertrauen. **Frechheit** ist ein **Ärgernis** für ihn. Das hat er uns mit aller **Deutlichkeit** gesagt. Er will, dass wir immer die **Wahrheit** sagen und auf das **Eigentum** der Schule achten. **Freundlichkeit** und **Hilfsbereitschaft** sind ihm wichtig.
Zur **Belohnung** bekommt er ein **Zeugnis**. Als Lehrer geben wir ihm eine Eins.

85 Wörter

angst und bange

In Verbindung mit „sein“ und „werden“ gebraucht man die Wörter **angst** und **bange** als Adjektive. Deshalb schreibt man sie klein. (Mir ist angst. Mir wird angst und bange.)

Ein schrecklicher Traum

Langsam öffnet sich meine Zimmertür. Mir wird **angst** und **bange** und ich zittere überall. Eine unheimliche Gestalt tritt ein und hat meine geliebte Katze unter dem Arm. Mir ist **angst** um sie und ich überlege, was ich tun könnte.
Heimlich greife ich nach meiner Pfeife, die auf meinem Nachttisch liegt. Dabei habe ich große Angst, dass dieses Wesen es sieht. Dann sehe ich die ängstlichen Augen meiner Katze und muss alles versuchen. Mit all meiner Puste blase ich in die Pfeife.
Ein schriller Ton hallt durch den Raum. Dem Wesen wird **angst** und **bange**, denn es fürchtet um sein Leben. Es lässt meine Katze fallen und rennt davon.

111 Wörter

schuld, leid, pleite, gram ...

Wenn die Wörter **schuld, leid, pleite** und **gram** in Verbindung mit den Verben „sein" und „werden" auftreten, schreibt man klein, weil sie dann als Adjektive gebraucht werden. (Ich bin es leid. Wir sind schuld.) Auch Wörter wie zum Beispiel **spitze, recht** und **klasse** schreibt man klein, wenn sie nicht als Nomen, sondern als Adjektiv gebraucht werden. (Das ist spitze. Das ist mir recht.)

Viele Menschen helfen

Der Reitverein ist **pleite**. Kein Mensch weiß, wer **schuld** daran ist. Da es die Mitglieder **leid** sind, einen Schuldigen zu suchen, versuchen sie, den Verein zu retten.
Sie planen einen Nachmittag, an dem Getränke und Essen verkauft und Spiele angeboten werden.
Alle finden diese Idee **spitze** und jedem ist es **recht**, an dem Tag als Helfer eingeteilt zu werden. Keinem tut es **leid**, dafür einen Nachmittag lang arbeiten zu müssen.
Der Nachmittag verläuft **klasse** und ist ein großer Erfolg. Es ist schön, dass dem Reitverein auf diese Art geholfen werden konnte. Alle haben an einem Strang gezogen.

100 Wörter

Vermischtes zur Groß- und Kleinschreibung

Damit du keine Fehler bei der Groß- und Kleinschreibung machst, merkst du dir am besten, welche Wörter großgeschrieben werden. Das kannst du auf den Seiten 82 bis 91 nachlesen. Mit den folgenden beiden Diktaten kannst du die Groß- und Kleinschreibung üben. Die Großschreibung ist hervorgehoben.

Die Wege trennen sich

Heute sind die **Viertklässler** stiller als sonst. **Sie** sprechen über ihren **Abschied** von der **Grundschule**. **Nach** vier gemeinsamen **Jahren** trennen sich nun ihre **Wege**. **Manche Kinder** hoffen auf ein **Wiedersehen** in der neuen **Schule**, andere wollen sich im **Park**, im **Schwimmbad**, im **Sportverein** oder auf dem **Spielplatz** treffen. **Einige** werden sich ganz aus den **Augen** verlieren.
„**Wenn** ich an die neue **Schule** denke, habe ich ein bisschen **Angst**“, sagt **Andi**. **Max** stimmt ihm zu. **Er** findet die vielen neuen **Fächer** nicht so gut. **Miriam** fürchtet, den **Schulbus** zu versäumen.
Wie schrecklich es ist, der **Neue** in einer **Klasse** zu sein, weiß **Dennis** nur zu gut. **Muss** er sich darüber wirklich **Sorgen** machen?

116 Wörter

4. KLASSE

Die Erde spuckt Feuer

Im Inneren unserer **Erde** befinden sich große **Mengen** von flüssigem **Gestein**. **An** manchen **Stellen** ist die **Erdkruste** dünn. **Hier** kann es passieren, dass die geschmolzenen **Gesteinsmassen** mit großer **Kraft** den **Boden** aufbrechen. **Es** kommt zu einem **Vulkanausbruch**.

Befindet sich das flüssige **Gestein** unter der **Erde**, nennt man es **Magma**. **Sobald** es aus dem **Krater** ausbricht, spricht man von **Lava**.

Nicht bei allen **Vulkanen** schießt die **Lava** hoch über den **Vulkanberg** hinaus. **Ist** sie sehr dickflüssig, so fließt sie aus dem **Berg** hinaus.

Die größten **Vulkangebiete** der **Erde** befinden sich übrigens im **Meer**.

96 Wörter

3.2 Nominalisierungen

Nominalisierte Verben

Normalerweise schreibt man Verben klein. Sie können aber auch als Nomen gebraucht werden, dann schreibt man sie groß. Meistens stehen sie nach einem Artikel (das Lesen, das Schwimmen). Der Artikel kann mit einem Verhältniswort verschmolzen sein (beim Schwimmen, zum Essen).

Der vorsichtige Träumer

In einem kleinen Städtchen übernachteten einmal zwei Gesellen. Sie waren müde vom **Wandern**.

Als sie sich zum **Schlafen** niederlegen wollten, holte der eine seine Pantoffeln aus seinem Bündel. Er zog sie an, band sie an den Füßen fest und stieg in sein Bett.

Da fragte der andere: „Warum tust du das?“ Darauf antwortete der eine: „Ich bin im Traum einmal in eine Glasscherbe getreten. Da habe ich beim **Schlafen** solche Schmerzen gehabt, dass ich um keinen Preis mehr barfuß schlafen möchte.“

84 Wörter

Nominalisierte Verben

Verben werden großgeschrieben, wenn sie als Nomen gebraucht werden. Sie können nach einem Artikel oder Verhältniswort (siehe Seite 94), nach einem Pronomen (mein Lachen) oder nach einem Adjektiv (schnelles Fahren) stehen.

Ein Zeugnis für die Lehrerin

Die Kinder einer zweiten Klasse schreiben ihrer Lehrerin zum Schuljahresende ein Zeugnis. Wie viele andere Kinder in der Grundschule dürfen auch sie „du" zu ihrer Lehrerin sagen.

Du beherrschst das richtige **Schreiben** ausgezeichnet, aber das schöne **Schreiben** nicht immer.
Dein **Vorlesen** von Geschichten finden wir klasse.
Deshalb fällt uns das stille **Zuhören** hier sehr leicht.
Von deinem schnellen **Rechnen** sind wir auch begeistert. Wir hoffen, dass unser **Rechnen** auch einmal so flott sein wird.
Dein **Zeichnen** von lustigen Bildern unter unsere Hausaufgaben gefällt uns sehr gut. Es ist viel besser als ein Stempelbild.
Außerdem mögen wir dein liebevolles **Trösten**, wenn es uns nicht gut geht.
Mach weiter so!

113 Wörter

Nominalisierte Adjektive

Adjektive werden großgeschrieben, wenn sie als Nomen gebraucht werden. Sie haben dann häufig einen Artikel (das Beste), ein Pronomen (mein Bestes) oder ein Verhältniswort (ins Blaue) vor sich.

Der Malwettbewerb

Seit **Längerem** fiel mir ein Plakat am Straßenrand auf. Mehrfach habe ich es von **Weitem** leuchten sehen. Dann entschloss ich mich, es mir auch von **Nahem** anzusehen. Es ging um einen Malwettbewerb. Daran wollte ich teilnehmen.
Ich gab mein **Bestes** und zeichnete mehrere Bilder. Hierzu benötigte ich viel mehr Zeit als sonst, mindestens das **Dreifache** mehr. Oftmals begann ich von **Neuem**, weil mir die Bilder nicht gefielen. Mein **Schönstes** schickte ich ein.
In **Kürze** bekam ich Nachricht. Es war ein Schock! Ich hatte das **Kleingedruckte** nicht gelesen. Der Malwettbewerb war nicht für meine Altersklasse. Darüber war ich sehr enttäuscht. Schließlich hatte ich doch mein **Bestes** gegeben.

108 Wörter

Adjektive in Verbindung mit unbestimmten Zahlwörtern

Adjektive werden in Verbindung mit unbestimmten Zahlwörtern großgeschrieben (nichts Gutes, etwas Spannendes). Unbestimmte Zahlwörter sind z. B.: alles, viel, etwas, genug, nichts, wenig, allerlei.

Die Olympischen Sommerspiele

Etliche **Sportliche** aus der ganzen Welt kommen alle vier Jahre zusammen, um an der Sommerolympiade teilzunehmen. Viele **Sportbegeisterte** verfolgen dieses Ereignis vor dem Fernseher oder von der Tribüne aus.
Die verschiedensten Sportarten werden ausgeführt. Allerdings sind die meisten Sportler Spezialisten, das heißt, sie sind oft nur in einer Sache perfekt.
Beim Sprint gibt es kaum **Langsame**. Meist erreichen mehrere **Schnelle** fast gleichzeitig die Ziellinie. Aber nur die wenigen **Schnellsten** dürfen zum Schluss auf dem Siegertreppchen stehen.
Im Stadion feuern zahlreiche **Alte** und **Junge** die Sportler an. Es gibt immer allerlei **Aufregendes** und **Spannendes** zu sehen.

98 Wörter

Adjektive in festen Wortgruppen und Paarformeln

In festen Wortgruppen schreibt man Adjektive groß (im Großen und Ganzen). Auch in Paarformeln schreibt man Adjektive groß (Alt und Jung, Arm und Reich).

Ein langweiliger Abend

Lisa ist heute Abend allein. Ihre Eltern sind zu einem Geburtstag eingeladen. Im **Großen und Ganzen** macht es ihr nichts aus, alleine zu sein.
Sie stellt sich **Süßes und Salziges** auf den Tisch und schaltet den Fernseher ein. „Wir gehen durch dick und dünn miteinander", singt eine fröhliche Stimme aus dem Fernseher. Sie klickt weiter und hört: „Über kurz oder lang werden Tierarten aussterben." Das ist zu traurig. Sie schaltet um. Der Sprecher sagt: „In armen Ländern leben **Arm und Reich** voneinander getrennt. **Alt und Jung**, **Groß und Klein** teilen sich eine winzige Hütte."
Lisa geht ins Bett, um zu lesen. Leider läuft heute kein Film für sie.

111 Wörter

3.3 Tageszeiten

Uhrzeit

Bei der Uhrzeit gibt es verschiedene Schreibweisen. Am häufigsten schreibt man die Uhrzeit mit Ziffern und setzt einen Punkt oder Doppelpunkt zwischen die Stunden und Minuten (7.00 Uhr, 14.30 Uhr, 7:00 Uhr, 7:20 Uhr). Wenn du die Uhrzeit ausschreibst, schreibst du die Zahlen klein (sieben Uhr, zwei Uhr, zwölf Uhr).

Die Vorstellung

Die Klasse 2 bereitet eine Zirkusvorstellung vor. Sie soll um **fünf Uhr** nachmittags beginnen. Vater muss bis **19.00 Uhr** arbeiten. Felix ist traurig. Doch am Ende treffen sich alle um **20.30 Uhr** vor dem Fernsehapparat. Mutter hat alles gefilmt. Felix ist stolz und getröstet.

46 Wörter

Wochentage

Wochentage schreibt man groß. Manchmal erkennst du sie am Begleiter (der Montag, am Dienstag, jeden Mittwoch).

Die Wochentage (ein Rätsel)

Von **Freitag** aus ist der gesuchte Tag vorgestern. Wenn es **Montag** ist, sagen wir übermorgen. Weißt du schon, welcher Tag gemeint ist?

26 Wörter

Samstag und **Sonntag** liegen am Wochenende und der gesuchte Tag in der Wochenmitte. Es ist der Tag vor dem **Donnerstag** und nach dem **Dienstag**.

Mittwoch

24 Wörter

Tageszeiten mit Artikel oder Pronomen

Tageszeiten können als Nomen gebraucht werden. Dann schreibt man sie groß. Oft erkennst du sie am Artikel oder Pronomen (der Mittag, am Vormittag, in der Frühe).

Die Suche

Annas kleiner Hund Kira ist verschwunden. Am **Vormittag** hat ihn der Nachbar noch im Garten gesehen. Als Anna am frühen **Nachmittag** nach Hause kam, war Kira weg. Anna verbrachte den **Nachmittag** und **Abend** damit, Kira zu suchen. Dann hat sie die ganze **Nacht** darüber nachgedacht, wo Kira sein könnte. In aller **Frühe** geht Anna wieder auf die Suche. Am **Mittag** findet sie Kira endlich. Der kleine Hund sitzt zufrieden vor der Metzgerei und hat ein Würstchen im Maul.

80 Wörter

Tageszeiten ohne Artikel oder Pronomen

Tageszeiten können als Nomen auftreten und werden dann großgeschrieben (siehe Seite 101). Manchmal fehlt ein Artikel oder Pronomen als Erkennungszeichen (zu Mittag essen, gegen Abend kommen).

Endlich Ferien!

Endlich sind Ferien! Mia und Alex freuen sich riesig. Sie können so viele Dinge machen.
Gegen **Mittag** gehen sie ins Freibad. Sie spielen mit den anderen Kindern Wasserball und essen am Kiosk zu **Mittag**. Dort gibt es leckere Würstchen und feine Pommes. Zum Nachtisch gibt es gegen **Nachmittag** ein Eis.
Gegen **Abend** müssen sie leider wieder nach Hause, um mit ihren Eltern zu **Abend** zu essen. Gegen **Mitternacht** schlafen Mia und Alex ein und träumen vom nächsten Tag im Freibad.

82 Wörter

Tageszeiten im 2. Fall (Genitiv)

Tageszeiten, die im 2. Fall stehen, werden großgeschrieben (eines Tages, des Abends, eines Morgens).

Der Lügenclown

Im Zirkus Bellini trat ein Clown auf, der für seine Lügenmärchen bekannt war. Eines **Abends** erzählte er folgende Geschichte:
„Als ich eines **Tages** durch die Stadt lief, waren die Straßen frei von Autos. Alle Menschen fuhren auf Schlitten. Des **Mittags** regnete es Süßigkeiten, aber die Kinder wollten keine, sie suchten nach frischem Gemüse.
Wisst ihr, was mir noch passiert ist? Eines **Morgens** bin ich in ein sehr tiefes Loch gefallen, als ich aus dem Bett steigen wollte. Es müssen Tage vergangen sein und dann lag ich eines **Abends** plötzlich bei Sonnenuntergang an einem Strand."
Die Menschen lachten sehr, während der Clown noch viele weitere Geschichten erzählte.

108 Wörter

Tageszeiten als Adverbien

Wenn Tageszeiten als Adverbien gebraucht werden, schreibt man sie klein. Du erkennst das daran, dass ihnen ein **-s** angehängt wird (abends, morgens, mittags, nachmittags, nachts). Verwechsle sie aber nicht mit den Tageszeiten im 2. Fall (siehe Seite 103).

Weißer als weiß?

„Willst du wirklich deine beste Jacke zum Spielen anziehen?“, ruft die Mutter **vormittags** entsetzt. „Sie wird doch so schnell schmutzig!“ Aber für Karo ist es besonders wichtig, noch besser auszusehen als ihre Freundinnen.

Als sie **nachmittags** nach Hause kommt, sagt sie nichts von den hässlichen Teerflecken auf ihrer schönen Jacke. Sie will sie **abends** ganz heimlich einweichen und waschen. Kein Problem! Karo weiß ja, dass ein Waschmittel die Jacke wieder weißer als weiß machen wird, kuschelweich und aprilfrisch, nicht nur sauber, sondern rein.

Wo hat Karo das nur her? Sie sieht es **morgens** immer im Fernsehen. Nur leider funktioniert es mit den Teerflecken nicht.

107 Wörter

Tageszeiten nach Wörtern wie „heute“, „übermorgen“ ...

Tageszeiten, die nach den Wörtern **gestern, vorgestern, heute, morgen** und **übermorgen** stehen, werden großgeschrieben (gestern Nachmittag, morgen Abend, übermorgen Mittag, gestern Nacht).

Wetterdienst

Gestern Nachmittag gab es schwere Sachschäden wegen starken Sturms. Damit müssen wir in nächster Zeit nicht mehr rechnen.
Heute Morgen sah der Himmel über Deutschland zwar noch recht düster aus, aber **heute Mittag** strahlte dann in fast allen Bereichen des Landes die Sonne. Diese Wetterlage wird sich die nächsten Tage halten, allerdings wird **morgen Abend** ein kräftiges Wärmegewitter aufziehen.
Übermorgen Mittag werden wir sehr wahrscheinlich den bislang heißesten Tag dieses Jahres erleben.
Das Hoch „Alex“ wird uns also in den nächsten Tagen tolles Sommerwetter bescheren.
Also nichts wie los, um genügend Limonade und Eis einzukaufen!

96 Wörter

3.4 Orts- und Ländernamen

Ländernamen

Ländernamen sind Nomen. Man schreibt sie groß. Bei den meisten Ländern fällt der Artikel weg. (Wir fahren nach Frankreich.) Nur wenige Länder stehen mit Artikel. (Wir fahren in die Schweiz.)

Saris neue Klasse

Sari ist heute sehr angespannt. Sie ist mit ihrer Familie von der **Schweiz** nach **Deutschland** gezogen und muss deshalb in eine andere Schule gehen.
Da ihre Eltern aus **Indien** stammen, hat sie eine etwas dunklere Haut. „Wie werden die Kinder mit meiner Hautfarbe umgehen?", fragt sie sich.
Als sie das Klassenzimmer betritt, ist sie schnell beruhigt. Sie sieht viele Kinder, die auch aus einem anderen Land stammen.
Als die Lehrerin die Kinder vorstellt, erfährt sie, dass Kinder aus der **Türkei**, aus **Italien**, **China** und **Spanien** in diese Klasse gehen. Außerdem gibt es Kinder aus **England** und **Ungarn**.
Sari ist glücklich und setzt sich neben Hilal, ein türkisches Mädchen.

111 Wörter

Ableitungen auf -er

Ableitungen von geografischen Eigennamen auf **-er** schreibt man groß (Frankfurter Würstchen, Schweriner Schloss, Berliner Bär, Schweizer Käse).

Schüleraustausch

Janas Bruder Max geht in die 8. Klasse und nimmt an einem Schüleraustausch mit Schülern aus Frankreich teil.
Sein Austauschschüler möchte viel über Deutschland erfahren und fragt nach Sehenswürdigkeiten. Max erzählt ihm vom **Heidelberger Schloss** und vom **Freiburger Münster**, vom **Brandenburger Tor** und vom **Kölner Dom** und zeigt ihm in einem Atlas, wo sich die einzelnen Städte befinden.
Als Max einige Wochen später zu seinem Freund nach Frankreich fährt, bringt er dessen Mutter ein Kilo **Schwetzinger Spargel** und das Rezept für die **Schwarzwälder Kirschtorte** mit. Der Vater bekommt **Frankfurter Würstchen** und **Berliner Weiße**, eine beliebte Biersorte.

97 Wörter

Ableitungen auf -isch

Ableitungen von geografischen Eigennamen auf **-isch** schreibt man meistens klein (italienische Tomaten, belgische Pralinen, irische Gastfreundschaft). Man schreibt sie groß, wenn sie Teil eines Eigennamens sind (Schwäbische Alb).

Peters Gedankenwelt

Sollte es **außerirdische** Lebewesen geben, was würde ihnen vielleicht bei uns auf der Erde auffallen und gefallen? Peter stellt sich oftmals derartige Fragen, wenn es regnet und er zu Hause bleiben soll. Bestimmt fänden sie die **ungarische** Gastfreundlichkeit, die **indische** Musik, die **türkischen** Bauchtänze und den **norwegischen** Winter toll.

Außerdem würden sie sich bestimmt an der leckeren **italienischen** Pizza, dem **französischen** Käse und der **bayrischen** Weißwurst satt essen.

Ob ihnen das **Französische Mittelgebirge**, die **Fränkische Schweiz** und das **Kaspische Meer** gefallen würden?

Von diesen Gedanken ist der Junge so angetan, dass er das schlechte Wetter vergisst.

98 Wörter

Straßennamen

Bei Straßennamen schreibt man das erste Wort und alle Adjektive und Zahlwörter, die zum Namen gehören, groß (Äußere Quellengasse, Lange Straße, Dritter Mittelweg).

Wegbeschreibung

Gestern wurden meine Mutter und ich von einem Ehepaar nach dem Weg zur Post gefragt. Sie kannten sich nicht aus und wollten die Post zu Fuß erreichen. Meine Mutter überlegte kurz und beschrieb den Weg dann wie folgt:
„Wir befinden uns in der **Dritten Zielstraße**. Sie folgen dem Straßenverlauf, kreuzen den **Alten Weg** und die **Zweite Hofgasse** und gelangen dann zur **Großen Ausdauer**. Hier gehen Sie nach rechts und biegen dann gleich wieder nach links in die **Steile Bergstraße**. Diese macht nach etwa 100 Metern eine Linkskurve, Sie aber gehen geradeaus weiter in die **Neue Poststraße**. Die Post sehen Sie dann sofort auf der rechten Straßenseite."

107 Wörter

3.5 Anredeformen und Briefe

Vertrauliche Anrede

Die vertrauliche Anrede **du** und **ihr** sowie die entsprechenden Formen **dich, dir, deine, euch, eure** … schreibt man klein. In Briefen können sie aber klein- oder großgeschrieben werden. (Ich lade dich/Dich ein. Kennst Du/du mich noch?)

Liebe Nele,

erinnerst **du/Du dich/Dich** noch an mich? Wir haben uns letztes Jahr im Sommerurlaub getroffen.
Ich wollte **dir/Dir** und **deiner/Deiner** Familie schon lange schreiben. Leider hatte ich **eure/Eure** Adresse verloren. Heute habe ich mein Zimmer aufgeräumt und **eure/Eure** Adresse zwischen den Urlaubsfotos vom letzten Jahr gefunden.
Hast **du/Du** vielleicht Lust, mich in diesem Sommer zu besuchen? Dann kannst **du/Du** mir alles von **dir/Dir** und **deiner/Deiner** Familie erzählen.
Ich würde mich sehr darüber freuen, **dich/Dich** zu sehen.

Bitte schreib mir bald!
Jule

82 Wörter

Höfliche Anrede

Die höfliche Anrede **Sie** wird immer großgeschrieben. Das gilt auch für die entsprechenden Formen **Ihr, Ihre** ... (Wie geht es Ihnen? Sind Sie gut nach Hause gekommen? Hat es Ihnen Spaß gemacht?)

Liebe Frau Michel,

der Schuldirektor hat uns heute erzählt, dass **Sie** im Krankenhaus liegen. Hoffentlich geht es **Ihnen** wieder besser.
Sie haben aber auch Pech! Warum muss **Ihr** Hund auch eine Katze verfolgen, wenn **Sie** ihn gerade mit dem Fahrrad spazieren fahren!
Wir vermissen **Sie** bei unseren Theaterproben. Der Tag der Schulaufführung kommt immer näher und wir haben immer noch keinen Prinzen gefunden. Nur, weil er einmal die Prinzessin küssen muss!
Kommen **Sie** bald wieder und gute Besserung für **Ihren** Arm!

Ihre Nina und Anja

85 Wörter

Vertrauliche Anrede im Brief

Die vertrauliche Anrede **du** und **ihr** sowie die entsprechenden Formen **dich, dir, deine, euch, eure** ... können in Briefen groß- oder kleingeschrieben werden.

Liebe Anna,

endlich habe ich genug Mut, um **dir/Dir** einen Brief zu schreiben.
Weißt **du/Du** eigentlich, weshalb ich so gerne in die Schule gehe? Wegen **dir/Dir**! Ich mag **deine/Deine** langen Haare, **deine/Deine** Witze, aber vor allem **dein/Dein** tolles Lachen. Ich glaube, ich habe mich in **dich/Dich** verliebt. Hoffentlich musst **du/Du** jetzt nicht lachen oder findest mich nun doof. Das fände ich sehr schade. Es würde mich traurig machen.
Möchtest **du/Du** am Freitag mit Timo und mir ins Schwimmbad gehen? Du kannst gerne **deine/Deine** Freundin mitbringen.
Ich würde mich freuen, wenn **du/Du** mir auch einen Brief schreiben würdest.

Bis dann,
dein/Dein Paul

102 Wörter

Vertrauliche und höfliche Anrede

Die vertrauliche Anrede **du** und **ihr** sowie die Formen **dich, dir, deine, euch, eure** ... werden kleingeschrieben. In Briefen kann die vertrauliche Anrede groß- oder kleingeschrieben werden. Die höfliche Anrede **Sie** wird immer großgeschrieben. Das gilt auch für die entsprechenden Formen **Ihr, Ihre** ...

Liebe Eltern, liebe Kinder der Klasse 4,

das Schuljahr neigt sich dem Ende entgegen und schon bald werdet **ihr/Ihr**, liebe Kinder, die Grundschule verlassen und eine weiterführende Schule besuchen.
Gemeinsam mit **Ihrem** Kind haben **Sie**, liebe Eltern, bestimmt eine geeignete und ansprechende Schule gewählt.
Ich hoffe, es hat **euch/Euch** in der Grundschule gut gefallen und **ihr/Ihr** werdet euch gerne an **eure/Eure** ersten vier Schuljahre zurückerinnern. Die Arbeit mit **euch/Euch** hat mir sehr viel Freude bereitet.
An dieser Stelle möchte ich mich auch bei **Ihnen**, liebe Eltern, für **Ihre** Unterstützung und für **Ihre** Hilfsbereitschaft vielmals bedanken.

Herzliche Grüße und alles Gute für die Zukunft!
Maria Baum

105 Wörter

4. Zusammensetzungen

4.1 Zusammensetzungen mit Nomen

Zusammengesetzte Nomen

Durch Zusammensetzungen aus zwei oder mehr Nomen (Namenwörter, Substantive) können neue Nomen gebildet werden (Holz + Tisch = Holztisch, Tisch + Bein = Tischbein).

Die Karnevalsfeier

Timo hat sich als **Seeräuber** verkleidet. Er ballert mit seiner **Spielzeugpistole** herum und fühlt sich sehr groß und stark. Da kommt Sebastian. Er hat sich als Zauberer verkleidet. Als Timo den goldenen **Zauberstab** sieht, versteckt er schnell seine Pistole.

41 Wörter

Beim Angeln

Opa und Leo gehen angeln. Sie haben eine Angel, **Regenwürmer**, einen **Angelhaken** und **Gummistiefel** dabei. Nach kurzer Zeit fangen sie eine **Bachforelle** für das **Abendessen**. Schade, dass sie keine **Fischstäbchen** geangelt haben.

34 Wörter

Zusammengesetzte Nomen

Aus Zusammensetzungen von zwei oder mehr Nomen können neue Nomen entstehen (siehe Seite 114).

Ein Zwerg aus Filz

So kannst du einen Zwerg basteln:

1. Male die Form eines Zwerges auf ein Papier und schneide sie aus.
2. Stecke dieses **Schnittmuster** auf Filz fest und schneide es zweimal aus.
3. Lege beide **Filzteile** aufeinander. Nähe sie zusammen. Lasse ein Stück der **Zipfelmütze** offen.
4. Stopfe nun den Bauch vorsichtig mit Watte aus.
5. Nähe die Öffnung zu.
6. Male ein Gesicht auf rosa Filz.
7. Schneide es aus.
8. Klebe es auf.
9. Hefte einen Faden an die **Zipfelmütze**.

Wenn du fertig bist, kannst du den Zwerg an einen **Tannenzweig** hängen.

88 Wörter

4.2 Verschiedene Zusammensetzungen

Zusammengesetzte Adjektive

Durch Zusammensetzungen kann man neue Adjektive bilden, die etwas genauer beschreiben können (grün – hellgrün, kalt – bitterkalt).

Der Einkauf

Lisa geht mit ihrer Mutter zum Einkaufen. Sie braucht eine Bluse, eine Hose und eine Winterjacke. Die Jacke muss sehr warm sein, denn es ist **bitterkalt**.
Im ersten Laden kauft Lisa eine **hellblaue** Bluse und eine **dunkelblaue** Hose mit **zitronengelben** Streifen.
Das mit der Jacke ist nicht so einfach. Sie müssen **stundenlang** suchen.
Kurz vor Ladenschluss finden sie eine. Die Jacke ist **feuerrot** und **wunderschön**.
Jetzt wollen Lisa und ihre Mutter **blitzschnell** nach Hause, denn sie sind **hundemüde**.

80 Wörter

Zusammensetzungen mit Nomen, Verben und Adjektiven

Nomen, Verben und Adjektive können mit anderen Wörtern zusammengesetzt werden. So kann man neue Wörter bilden.

Unwetter über der Stadt

So große **Hagelkörner**, wie sie gestern vom **nachtschwarzen** Himmel auf die Stadt prasselten, hatte man seit Jahrzehnten nicht mehr gesehen.
Gegen 16.00 Uhr kündigte sich das starke Unwetter mit grollendem Donner und **regenschweren** Wolken an.
Dann ging alles **blitzschnell**. Ein **messerscharfer** Wind fegte **kirschgroße Hagelkörner** durch die Stadt und die Straßen waren bald **spiegelglatt**.
Besonders schlimm traf es die Inhaberin der hiesigen Gärtnerei P. Sie wurde in ihrem **Gewächshaus** vom **Hagelschlag** überrascht, bevor sie sich retten konnte.
Denn schon brachen die ersten Scherben herunter.
Zehn **angstvolle** Minuten duckte sie sich unter die Pflanzen, um nicht getroffen zu werden.
Trotzdem können wir froh sein, dass in der Stadt keine größeren Schäden entstanden sind.
(Zeitungsartikel)

116 Wörter

Zusammensetzungen von Nomen und Verben

Nomen und Verben können zu neuen Wörtern zusammengesetzt werden (kaufen + Haus = Kaufhaus, schlafen + Anzug = Schlafanzug).

Das Freilichtmuseum

Im Schwarzwald gibt es ein Freilichtmuseum, in dem zu sehen ist, wie die Menschen früher in Deutschland gelebt haben. Etliche Häuser, Schulen und Scheunen sind dort nachgebaut. Man darf sie auch betreten. Damals gab es noch keine **Schwimmbäder** oder **Reiterhöfe**. Die Kinder spielten am Dorfbrunnen oder auf der Straße.
In den Häusern kann man die **Schlafplätze**, die **Waschschüsseln** und die **Kochstellen** sehen. Einen elektrischen **Backofen** gab es noch nicht. Es wurde mit Holz geheizt und gekocht. Frauen und Kinder mussten dazu **Brennholz** suchen gehen.
Außerdem sind alte **Nähmaschinen**, **Trinkgefäße** und auch **Schreibwaren** ausgestellt.
Früher gab es kaum **Einkaufsläden**. Die Menschen haben viel untereinander getauscht.

106 Wörter

Drei gleiche Laute bei Zusammensetzungen

Treffen bei Zusammensetzungen drei gleiche Laute aufeinander, musst du alle drei Laute schreiben (Stoff + Fetzen = Stofffetzen, Schloss + Schenke = Schlossschenke).

Ein Filmbericht

Letzte Woche durfte ich mir einen interessanten Film ansehen. Er handelte von Tieren, die im Meer und in Flüssen leben.
Bevor die **Schifffahrt** beginnen konnte, überprüften die **seeerfahrenen** Männer und Frauen immer die **Sauerstoffflaschen**. Die **Schifffracht** war minimal. Sie hatten nur wenige Dinge an Bord dabei, die alle in einer Art **Betttruhe** verstaut wurden.
Zunächst legten sie im **Schritttempo** eine längere **Flussstrecke** zurück. Hierbei filmten sie Krokodile und Nilpferde.
Danach fuhren sie auf das offene Meer hinaus und sahen bald etliche **Seeelefanten**. Zum Schluss wurden außerdem Wale und Delfine gefilmt.

92 Wörter

5. Gegenüberstellungen

5.1 Gleichklingende Wörter

Kirsche und Kirche

Die Wörter **Kirsche** und **Kirche** können sehr ähnlich klingen. Hier musst du manchmal ganz genau hinhören. Mit diesem Diktat kannst du das üben.

Auf dem Markt

Vater und Tom kaufen ein. Sie gehen zum Markt bei den zwei **Kirchen**. Auf einem Zettel steht, was sie brauchen: Salat, Eier, **Kirschen** und Äpfel. Haben wir auch nichts vergessen?
Aber wo kommt denn das Eis her?

40 Wörter

leeren und lehren

Die Wörter **leeren** und **lehren** klingen gleich. Höre genau hin und überlege dir, welches Wort gemeint ist (leeren: den Briefkasten entleeren, ein leeres Heft; lehren: Mathematik lehren (= unterrichten), jemanden belehren).

Ein langer Schulweg

Als Benno den Mülleimer **leert**, denkt er über seine neue Lehrerin nach. Sie **lehrt** Mathematik. Sie sagt, dass sie aus der Türkei kommt. Wie schafft sie es dann, jeden Morgen pünktlich in der Schule zu sein?

39 Wörter

Benno sucht seine Mutter. Sie **leert** gerade den Briefkasten. Als er ihr seine Überlegung erzählt, lacht sie und **belehrt** Benno. Du hast den Irrtum sicher schon erkannt.

27 Wörter

Mann und man

Die Wörter **Mann** und **man** klingen manchmal sehr ähnlich. Höre genau hin und überlege dir, welches Wort gemeint ist (der Mann, Sportsmann, Schneemann, Tormann; man, jemand, manchmal, mancherlei).

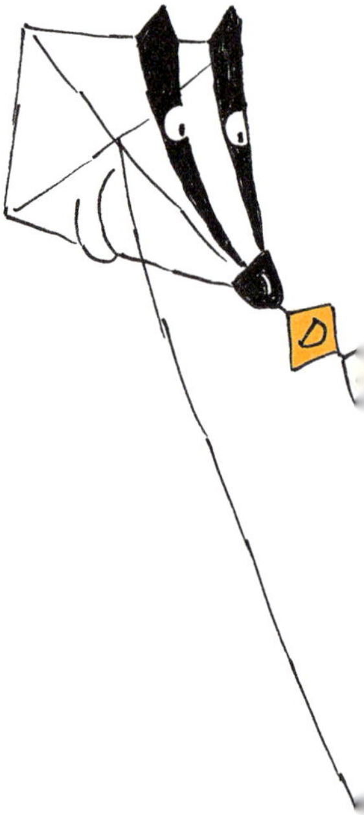

Gelogen oder wahr?

Man kann es kaum glauben. Bei den Seepferdchen trägt der **Mann** die Eier aus. Er bringt die Jungen auch zur Welt. Das Weibchen legt sie vorher in seine Bauchtasche. Nach vier Wochen rüttelt das **Männchen** dann mehrere Hundert Seepferdchen aus der Bauchtasche. Das ist wirklich wahr.

49 Wörter

Paar und paar

Mit **Paar** bezeichnet man zwei zusammengehörige Dinge (ein Paar Schuhe), mit **paar** meint man eine unbestimmte Anzahl (ein paar Minuten).

Ein unzertrennliches Paar

Maria wünscht sich einen Wellensittich. Nun darf sie sich einen aussuchen. Sie entscheidet sich für ein grünes Männchen. Allerdings gibt es diesen Wellensittich nur als **Paar**. Ohne sein Weibchen ist er unglücklich. Oma kauft beide. Vielleicht werden es ja noch ein **paar** mehr.

46 Wörter

seid und seit

Damit du weißt, wann du **seid** mit **d** oder **seit** mit **t** schreiben musst, kannst du dir Folgendes merken: **Seid** kommt vom Verb (Tunwort) „sein“ (mutig sein – ihr seid mutig), **seit** wird zeitlich gebraucht (seit zwei Jahren, seitdem).

Der letzte Schultag

Seit wenigen Minuten ist die Schule aus. Ganz leer ist es im Klassenraum. Auch von der Lehrerin müssen sich die Kinder verabschieden. „Ihr **seid** nun schon Drittklässler“, hat sie gesagt. Nur sie wird leider nicht in die dritte Klasse versetzt.

43 Wörter

mahlen und malen

Den Unterschied zwischen den Wörtern **mahlen** und **malen** kannst du nicht hören. Du kannst dir aber überlegen, zu welcher Familie das Wort gehört, das du schreiben musst (mahlen: das Korn mahlen, zermahlen, Mühle, Mahlzeit, Gastmahl; malen: anmalen, Maler, Malbuch, Kunstmaler, Malkasten).

Der Berufswunsch

Tim überlegt, was er einmal werden will. **Maler** ist ein schöner Beruf. Tim **malt** sehr gerne. Erst gestern hat er sich einen neuen **Malkasten** und **Malstifte** gekauft.
Bäcker ist auch nicht schlecht. Tim hilft seiner Mutter immer, wenn sie Brot bäckt. Frisches Brot ist ein richtiges **Festmahl**!
Mutter holt das **Mehl** für das Brot immer bei der **Mühle**. Dort wird das Korn **gemahlen**.
Tim hat eine Idee. Er wird einfach beides. Morgens kann er backen und mittags kann er Bilder **malen**.

83 Wörter

wieder und wider

Die beiden Wörter **wieder** und **wider** klingen gleich. Sie kommen besonders oft in zusammengesetzten Wörtern vor. Ob du **wieder** oder **wider** schreiben musst, kannst du dir so merken: **Wieder** mit **ie** hat etwas mit „zurück“, „erneut“, „noch einmal“ zu tun (wiedergeben, Wiederholung). **Wider** mit **i** hat etwas mit „gegen“ zu tun (widerwillig, Widerstand).

Keine Widerrede!

Nils liebt Erdbeereis. Er findet es **unwiderstehlich**. Der Eisverkäufer kennt ihn schon gut. Er sagt immer: „Darf es **wieder** ein Erdbeereis sein?“
Heute hat Nils schon zwei Eis gegessen. Gerade will er **wieder** zum Eisstand gehen. Da stößt er auf **Widerstand**. Sein Vater sagt: „Heute gibt es kein Erdbeereis mehr. Ich werde das nicht noch einmal **wiederholen** und ich dulde keinen **Widerspruch**!“
„Also gut“, sagt Nils **widerwillig**. „Dann hole ich mir eben ein Schokoladeneis.“

76 Wörter

Uhr und ur-

Damit du das Nomen **Uhr** und die Vorsilbe **ur-** nicht miteinander verwechselst, merke dir Folgendes: Die Vorsilbe **ur-** hat immer etwas mit „alt" oder „zurückliegend" zu tun (uralt, Urgestein, Urwald, Ureinwohner).

Die Kirchturmuhr

Die **Uhr** am Kirchturm ist stehen geblieben. Niemand weiß warum. Vielleicht liegt es daran, dass sie schon **uralt** ist.
Erst vor einigen Tagen fand der Bürgermeister eine **Urkunde**. Darin steht, dass das **Uhrwerk** schon über 100 Jahre alt ist. Da waren noch nicht einmal Janas **Urgroßeltern** auf der Welt.
Janas **Urgroßvater** ist **Uhrmacher** und er hat die **Kirchturmuhr** vor über fünfzig Jahren schon einmal repariert. Er fährt zur Kirche und findet die **Ursache**. Die **uralten** Zeiger haben sich verhakt.

81 Wörter

ver- und fertig

Viele Wörter werden mit der Vorsilbe **ver-** gebildet (schlafen – verschlafen, trauen – vertrauen). Das Wort **fertig** bezeichnet immer etwas im Sinne von „zu Ende machen/bringen", „abgeschlossen sein" (fertig schreiben, anfertigen).

Ein neuer Wecker

Leni hat **verschlafen**. Dabei hat sie so auf den Wecker **vertraut**. Jetzt muss sie sich ganz schnell **fertig** machen, damit sie die erste Stunde nicht **verpasst**.

Heute werden nämlich die Bilder für die Ausstellung ausgewählt. Leni hat ihr Bild gestern **fertiggestellt**. Sie hat zwei Wochen gebraucht, um es **anzufertigen**. Es ist sehr schön geworden. Auch der Rahmen ist **fertig**. Vielleicht wird das Bild bei der Ausstellung **verkauft**. Dann kann sich Leni mit dem kleinen **Vermögen** einen neuen Wecker kaufen.

83 Wörter

Herr und her

Fällt es dir manchmal schwer, die Wörter **Herr** und **her** richtig zu schreiben? Das Wörtchen **her** mit **r** hat oft etwas mit einer Bewegung auf etwas zu zu tun (Her damit! Komm doch her! Willst du nicht herkommen?). **Herr** mit **rr** ist ein anderes Wort für „Mann“ oder hat häufig etwas mit Personen zu tun (Herrin, Herrscher, Herrschaft, Landesherr, unbeherrscht).

Ein aufregendes Gespräch

Im Unterricht behandelten wir neulich das Auge. Als Überraschung hatte unsere Lehrerin **Herrn** Frank eingeladen. Er ist von Geburt an blind und erzählte uns von seinem Alltag.
„Kommt ruhig näher **her** zu mir!“, sagte er und deutete dabei zu uns **herüber**. Der ältere **Herr** spürte unsere Unsicherheit. Er zeigte uns seine Tageszeitung, die in Blindenschrift gedruckt wurde, und ließ sie in der Klasse **herumgehen**.
Außerdem erklärte der **Herr**, wie er seine Uhr lesen konnte. Dazu klappte er das Glas nach oben und ertastete vorsichtig die Zeiger. Zum Schluss sagte **Herr** Frank: „Es ist **herrlich**, dass ich bei euch sein durfte.“ Und eine Träne kullerte ihm die Wange **herunter**.

111 Wörter

fort und vor

Bei den Wörtern **fort** und **vor** musst du manchmal genau hinhören, vor allem bei Zusammensetzungen. Merke dir: Das Wort **fort** und Zusammensetzungen damit schreibst du mit **f** (fortfahren, fortsetzen, Fortschritt). Das Wort **vor** und die Vorsilbe **Vor-/vor-** schreibst du immer mit **V/v** (vor zwei Jahren, vorstellen, vorgestern, Vorfahrt).

Die Radfahrprüfung

Heute **Vormittag** haben wir unsere Radfahrprüfung. **Vor** längerer Zeit haben wir bereits mit dem Üben begonnen. **Vorige** Woche war nochmals die Polizei bei uns, um unsere **Fortschritte** zu sehen. Nun ist es so weit.

Zuerst werden **Vorderrad**, Bremsen und viele andere Dinge mehr an unseren Fahrrädern kontrolliert, dann besprechen wir nochmals die **Vorfahrtsregeln**.

Jetzt fahren die ersten Kinder **fort**. Sie fahren an Schildern und Kreuzungen **vorbei**. Dabei werden sie von den Polizisten genau beobachtet.

„**Vorläufig** bin ich der Beste!“, ruft Peter **vorlaut** und setzt seine Fahrt **fort**.

Am Ende der Prüfung haben alle von uns bestanden.

98 Wörter

packen und Paket

Die Wörter **packen** und **Paket** gehören zur gleichen Wortfamilie. Die meisten Wörter, die mit „packen“ zu tun haben, schreibt man mit **ck** (verpacken, Packesel, Geburtstagspäckchen, Handgepäck). Das Wort **Paket** und Zusammensetzungen damit schreibt man mit **k.** Das liegt daran, dass „Paket“ anders betont wird. Höre einmal genau hin! (Ich packe ein Eilpaket aus. Ich packe das Paket mit Packpapier ein.)

Die Vorweihnachtszeit

Kurz vor Weihnachten geht es bei uns immer sehr turbulent zu. Es sind noch keine **Pakete eingepackt** und verschickt, keine Karten geschrieben, der Baum fehlt noch und vieles mehr.
Dann, wenige Tage vor dem Fest, gerät Mutter jedes Mal in Aufregung. „Wo ist das **Paketpapier**, wo das **Paketband**?“ Alle rennen wild durcheinander und helfen ihr beim Suchen. Gemeinsam **packen** wir die Geschenke dann in kleine Kartons, wickeln sie in **Paketpapier** ein, ziehen das **Paketband** fest zu und versehen das **Päckchen** mit einem **Paketaufkleber**. Manchmal müssen wir einzelne **Pakete** nochmals **auspacken** und **umpacken**, da unsere Mutter die Geschenke verwechselt hat. Aber letztendlich ist alles pünktlich verschickt und wir können Weihnachten in Ruhe feiern.

114 Wörter

5.2 Wortfamilien und Wortfelder

Wortfamilie „essen“

Die Wörter einer Wortfamilie sind alle miteinander verwandt. Sie haben den gleichen Wortstamm. Dieser wird bei den Wörtern der Wortfamilie oft gleich geschrieben, er kann sich aber auch verändern (fahren, er fuhr, Fahrrad). Bei der Wortfamilie „essen“ gibt es Wörter mit **ß** und **ss.** Halte dich an diese Regeln: Nach kurzem Vokal schreibst du **ss** (essen, essbar, das Esszimmer), nach langem Vokal schreibst du **ß** (ich aß).

Essenszeit

Es ist **Essenszeit**. Es gibt Pias **Lieblingsessen**. Heute hat sie kein Problem, alles **aufzuessen**. Sie **isst** sogar ihrem Bruder alles weg. Ihre **Essmanieren** sind ihr dabei egal. Zum Glück hat Papa bei Spaghetti auch so seine Probleme.

38 Wörter

Wortfamilie „sagen“

Wörter mit gleichem Wortstamm gehören zu einer Wortfamilie. Innerhalb dieser Wortfamilie wird der Wortstamm häufig gleich geschrieben (ich sage, du sagst, gesagt, aussagen, absagen, die Wettervorhersage, die Zusage).

Eine sagenhaft gute Idee

Die Lehrerin hat ein Diktat **angesagt**. Mario muss gut üben. Er hatte zu viele Fehler im letzten Diktat. Die anderen haben ihn sogar einen **Versager** genannt. Vielleicht kann er seinem Freund sogar **vorsagen**. So lohnt sich die Mühe für beide.

44 Wörter

Wortfamilie „Haus“

Wörter mit gleichem Wortstamm gehören zu einer Wortfamilie. Bei den Wörtern einer Wortfamilie schreibst du den Wortstamm meistens gleich (Hausschlüssel, Gästehaus, haushoch, zu Hause).

Schlüssel vergessen!

Semira geht **nach Hause**. Plötzlich merkt sie, dass sie ihren **Hausschlüssel** vergessen hat. Was nun? Sie setzt sich auf eine Treppenstufe, beginnt mit ihren **Hausaufgaben** und packt ein Brot aus. Ein Nachbar kommt und hilft ihr bei Mathe. Gar nicht schlecht, mal so zu **hausen**.

47 Wörter

Wortfamilie „Freund/Freundin“

Bei den Wörtern aus der Wortfamilie „Freund“ schreibst du den Wortstamm immer gleich (anfreunden, befreundet, freundlich, Freundschaft, gastfreundlich).

Eine neue Freundin

Julian hat sich mit einem Mädchen **angefreundet**. Wie soll er ihr zeigen, dass er sie mag? Mit einem **Freundschaftsband**? Oder einfach **freundlich** sein? Sie ist eine **Tierfreundin**. Er könnte ihr ein Pferdeposter schenken. Am nächsten Tag traut er sich nichts von allem.

45 Wörter

Wortfamilie „Geburtstag"

Die Wörter einer Wortfamilie sind alle miteinander verwandt. Sie haben den gleichen Wortstamm. Dieser wird bei den Wörtern der Wortfamilie oft gleich geschrieben, er kann sich aber auch verändern (Geburtstagsfeier, Geburt, geboren).

Der Geburtstag

Paul hat heute **Geburtstag**. Seine Mutter hat einen **Geburtstagskuchen** gebacken und auf dem Tisch liegen viele **Geburtstagsgeschenke**. Seine Mutter sagt: „Du bist heute das **Geburtstagskind** und darfst dir ein **Geburtstagsessen** wünschen."
Da sagt Pauls kleine Schwester Pauline: „Ich will heute auch **Geburtstag** haben." „Nein, das geht nicht. Deine **Geburt** feiern wir doch erst im September. Da wurdest du vor vier Jahren **geboren**", sagt die Mutter zu Pauline.
„Kann man denn nicht zweimal im Jahr **Geburtstag** haben?", fragt Pauline.

80 Wörter

Wortfeld „essen“

Ein Wortfeld ist eine Zusammenstellung von Wörtern, die man alle für den gleichen Ausdruck benutzen kann. Es ist gut, wenn du viele Wörter aus dem Wortfeld „essen“ kennst. Dann kannst du zum Beispiel bei Aufsätzen die Wiederholung eines Worts vermeiden (Nahrung zu sich nehmen, schlemmen, futtern, spachteln, mampfen …).

Das Festessen

Luisa und ihre Eltern sind unterwegs zu einem Festessen.
Luisa stellt sich vor, was sie alles **essen** will: „Zuerst **stille** ich **meinen** größten **Hunger** mit der Suppe. Anschließend **verputze** ich einen großen Teller mit Kartoffelsalat. Dann **genieße** ich das Hauptgericht. Vielleicht **nasche** ich ein bisschen von Mamas Teller. Wenn ich bis dahin nicht geplatzt bin, **verdrücke** ich noch ein großes Eis. Oder soll ich vielleicht einen Pudding **löffeln**? Hoffentlich sind wir bald da. Mir läuft schon das Wasser im Mund zusammen!“

83 Wörter

Wortfeld „sagen“

Mit Wörtern aus dem Wortfeld „sagen“ kannst du bei Aufsätzen die Wiederholung des Worts vermeiden (ankündigen, äußern, beschreiben, sprechen ...).

Die Plaudertasche

Jonas ist sauer auf seinen Freund Thomas. Der **redet** immer wie ein Wasserfall und lässt Jonas gar nicht **zu Wort kommen**. Er **plappert** und **quasselt** und **tratscht** und **schwatzt**. Wenn Jonas ihm etwas **erzählen** will, hört er gar nicht richtig zu. Heute **sagt** Jonas zu Thomas, dass ihn das ärgert. Er **erklärt** genau, was ihn stört. Da **quatscht** Thomas wieder dazwischen. Jonas gibt auf und lässt Thomas **labern**.

70 Wörter

Der Angeber

Arne **prahlt**: „Ich kann einen doppelten Salto vom Sprungbrett machen.“ Seine Freunde **antworten**: „**Red** nicht so viel, zeig es uns!“ „Also gut“, **erwidert** Arne. Er springt und klatscht mit dem Bauch auf das Wasser. „Ha, ha“, **spotten** alle. „Das geschieht dem Angeber recht.“ Kleinlaut schleicht Arne nach Hause.

50 Wörter

Wortfeld „Haus“

Ein Wortfeld besteht aus den Wörtern, die man für ein anderes Wort einsetzen kann, wenn man ein treffenderes Wort sucht oder Wiederholungen vermeiden will (Hütte, Bude, Anwesen, Schloss, Landhaus, Reihenhaus …).

Das Ferienhaus

Klara, Tom und ihre Eltern suchen ein **Ferienhaus** für den Sommerurlaub. Die Mutter hat dafür extra einen Katalog mitgebracht.
Klara entdeckt eine schöne **Villa** und ruft: „Ich möchte in diesen **Palast**.“ „Dieses **Anwesen** ist viel zu teuer für uns“, sagt der Vater. „Da können wir höchstens im **Gartenhaus** wohnen.“
Tom gefällt eine kleine **Blockhütte** am besten. Klara schimpft: „Das sieht ja aus wie eine **Bruchbude**.“
Die Mutter hat eine Idee: „Wie wäre es denn mit einem Zelturlaub?“ Damit sind alle einverstanden.

83 Wörter

Wortfeld „Freund/Freundin“

Wörter mit gleicher oder ähnlicher Bedeutung gehören zu einem Wortfeld. Mit Wörtern aus dem Wortfeld „Freund/Freundin“ kannst du etwa bei Aufsätzen die Wiederholung des Worts vermeiden (Gefährtin, Kameradin, Bekannter, Kumpel, Spezi ...).

Beste Freunde

Leonie fragt Hannes: „Hast du eigentlich viele **Freunde**?“ Da erzählt Hannes von seinen **Kameraden** im Fußballverein. Dann gibt es noch seinen **Kumpel** Marc. Mit dem baut Hannes immer Seifenkisten. Und da ist noch Uli. Er wohnt im gleichen Haus wie Hannes und ist sein **Verbündeter** gegen den Hausmeister. „Andere **Bekannte** habe ich auch noch“, sagt Hannes zum Schluss. „Aber du bist meine beste **Freundin**.“ Darüber freut sich Leonie sehr und wird ganz rot. Sie ist nämlich ein bisschen verliebt in Hannes.

83 Wörter

Wortfeld „Geburtstag“

Ein Wortfeld besteht aus den Wörtern, die man für ein anderes Wort einsetzen kann, wenn man ein treffenderes Wort sucht oder Wiederholungen vermeiden will. Zum Wortfeld „Geburtstag“ gehören zum Beispiel die Wörter: Ehrentag, Feier, Party usw.

Lisas Geburtstag

Lisa ist schon den ganzen Vormittag sehr aufgeregt. Sie hat heute **Geburtstag** und durfte zu ihrem **Ehrentag** Freunde einladen.
Endlich klingelt es an der Tür. Es sind Lisas Gäste. Nun kann das **Fest** beginnen. Sie gratulieren ihr und haben viele Geschenke für das Geburtstagskind dabei. Lisa freut sich sehr darüber.
Bevor die Kinder den Geburtstagskuchen essen, muss Lisa die Kerzen ausblasen. Anschließend dürfen alle in den Garten, um zu spielen. Als Überraschung bekommt jedes Kind von Lisas Mutter ein Eis.
Nun wird es langsam dunkel, die Gäste werden abgeholt und die **Feier** klingt aus.
„Das war eine tolle **Party**“, sagt Lisa zu ihren Eltern.

106 Wörter

6. Silbentrennung

6.1 Wortteile und Sprechsilben

Trennung nach Wortbausteinen und Sprechsilben

Zusammengesetzte Wörter und Wörter mit einer Vorsilbe trennt man nach Wortbausteinen (Haustür – Haus-tür, ur-alt). Das kannst du mit dem Diktat „Aufräumzeit" üben.
Wörter mit mehreren Silben kann man am Ende einer Zeile nach Sprechsilben trennen (Pa-pa-gei, Scho-ko-la-de). Das kannst du mit dem Diktat „Typisch Eva" üben.

Aufräumzeit

Alles liegt herum. Der **Schmuse-elefant**, die **Taschen-lampen-birne** und **Bananen-schalen**. Elisa will nicht **auf-räumen**. Sie will in ihr Bett. Das ist schon nicht mehr zu sehen. Zum Glück gibt es das **Hoch-bett** ihrer Schwester.

34 Wörter

Typisch Eva

Eva fei-ert Ge-burts-tag. Es soll nur Din-ge ge-ben, die Kin-der mö-gen. Gum-mi-bär-chen, Ro-si-nen-ku-chen, Mar-me-la-den-kek-se und Li-mo-na-de.

18 Wörter

Trennung nach Wortbausteinen und Sprechsilben

Wörter mit mehreren Silben kann man nach Sprechsilben trennen. Ein einzelner Konsonant kommt auf die nächste Zeile (Ha-fen), bei zwei und mehr Konsonanten schreibt man den letzten auf die neue Zeile (wer-den, schüt-teln, stamp-fen). Die Buchstabenverbindungen **ch** und **sch** bleiben immer zusammen (Fla-schen, Ku-chen).
Zusammengesetzte Wörter und Wörter mit einer Vorsilbe werden zuerst nach Wortbausteinen getrennt (siehe Seite 142).

Wir kochen Marmelade

Han-nah hat Him-bee-ren ge-sam-melt. Sie will da-raus Mar-me-la-de ko-chen. Mut-ter hilft ihr da-bei. Zu-erst hält sie die Him-bee-ren kurz un-ters Was-ser. „Du hast ein Pfund ge-sam-melt", sagt Mut-ter. Sie schüt-tet die Bee-ren und die glei-che Men-ge Ein-mach-zu-cker in den Topf. Han-nah rührt um. Sie starrt in die ro-te Mas-se, bis es an-fängt zu blub-bern. Nach zwei Mi-nu-ten schöpft sie die Mar-me-la-de mit ei-ner Kel-le in die Glä-ser. Soll Han-nah die Glä-ser jetzt ver-schlie-ßen? Die-se tol-le Mar-me-la-de wird si-cher ganz schnell ge-ges-sen.

84 Wörter

Silben trennendes h

Ein **h** dehnt den Vokal und macht ihn lang. Du hörst es bei Verben in der Grundform, bei Adjektiven in der Vergleichsstufe und bei Nomen im Plural, wenn du die Wörter in zwei Silben zerlegst. Bei Wörtern mit Dehnungs-h schreibt man den letzten von zwei Konsonanten auf die neue Zeile (feh-len, zäh-len). Bei Wörtern, bei denen du das **h** hörst, kommt das **h** in die neue Zeile (se-hen, ge-hen, we-hen).

Im Urlaub

Paul und Annika fahren mit ihren Eltern ans Meer. Sie sind schon seit Stunden unterwegs. „Wann sind wir denn endlich da?“, fragt Annika. „Ich kann das Meer überhaupt nicht **se-hen**.“

Paul ist auch schon ungeduldig. Er fragt: „Wann können wir denn endlich schwimmen **ge-hen**?“

Die Mutter sagt: „Nun gebt doch **Ru-he** und benehmt euch nicht wie ein Sack **Flö-he**. Ich kann das gar nicht **verste-hen**. Wir sind ja gleich da. Seht ihr nicht die **we-henden** Fahnen? Dort ist der Strand. Gleich kann es **losge-hen**.“

86 Wörter

6.2 Buchstabenverbindungen

st

Bei Wörtern mit **st** trennst du zwischen **s** und **t** (Mus-ter, Las-ter leis-ten). Bei zusammengesetzten Wörtern musst du aber aufpassen. Hier trennst du nach Wortbausteinen (Früh-stück, Rast-hof).

Frohe Ostern!

An **Os-tern bas-teln** wir **meis-tens** Hasen aus Papier und backen **Os-terplätzchen**. Die **schöns-ten** Hasen **bas-telt** Mutter. Ihre sind am **buntes-ten** und haben die **längs-ten** Ohren. Die Ohren klebt sie immer mit **Kleis-ter** an. Wir nehmen Mutters Hasen als **Mus-ter**, aber so schön werden unsere nie.
Beim Backen **flüs-tert** sie immer: „Selbst die **Reichs-ten** und **Schöns-ten** haben nicht so **köst-liche Os-terplätzchen** zum **Früh-stück** wie wir." Und dann dürfen wir die Plätzchen **tes-ten**. Bis zum **nächs-ten** Tag müssen aber **mindes-tens** zehn Stück übrig bleiben!

84 Wörter

ck

Die Buchstaben **ck** bleiben immer zusammen. Trenne sie nie voneinander (Ja-cke, ba-cken, Päck-chen).

Auf dem Bauernhof

Paula besucht ihren Opa auf dem Bauernhof. Sie darf mit ihm mit dem **Tre-cker** fahren. Plötzlich fängt der **Tre-cker** an zu **tu-ckern**. Es klingt ganz **schreck-lich**, fast wie ein **Schluck-auf**.

Dann bleibt er plötzlich ganz **ruck-artig** im Matsch **ste-cken**. „Was ist denn nun schon wieder los?“, fragt Opa. „Jetzt muss ich absteigen und werde bestimmt ganz **dre-ckig**.“

„Bleib ganz **lo-cker**“, sagt Paula. „Deine Hose ist sowieso ganz **fle-ckig**. Auf ein paar **Fle-cken** mehr oder weniger kommt es jetzt auch nicht mehr an.“

85 Wörter

tz

Wörter mit **tz** trennt man zwischen **t** und **z** (Kat-ze, Frat-ze). Aufpassen musst du bei zusammengesetzten Wörtern. Diese trennst du nach Wortbausteinen (Latz-hose, Schatz-truhe, Putz-lappen, plötz-lich).

Die Katze Olga

Olga ist eine sehr **put-zige Kat-ze**. Seit einiger Zeit geht sie ihrer **Besit-zerin** Eleni aber richtig auf die Nerven.
Manchmal verschwindet Olga ganz **plötz-lich**. Dann muss Eleni durch das ganze Dorf **wet-zen** und sie suchen.
Olga kann auch fürchterlich **krat-zen** und macht sich gern **schmut-zig**. Immerhin kann sie sich selber gründlich **put-zen**.
Elenis Mutter findet Olga sehr **nütz-lich**, weil sie Mäuse fängt. Blöd ist nur, dass sie die Mäuse immer vor der Haustür ablegt. Das findet Eleni **entsetz-lich**.

81 Wörter

st, ck und tz

Wörter mit **st** trennt man am Zeilenende zwischen **s** und **t,** Wörter mit **tz** zwischen **t** und **z.** Bei zusammengesetzten Wörtern musst du aber aufpassen. Diese werden nach Wortbausteinen getrennt (siehe Seite 145, 147). Die Buchstabenverbindung **ck** gilt als ein Laut und wird nicht getrennt (siehe Seite 146).

Ein Rezept

Ges-tern habe ich Pfannkuchen **geba-cken**. Zuerst habe ich unsere **Kat-ze** aus der Küche verjagt und habe mir dann eine **Müt-ze** angezogen, damit kein Haar in das Essen fallen konnte.
Zuerst habe ich 400 Gramm Mehl in eine Schüssel **ge-streut**, habe als **nächs-tes** zwei Eier und eine Prise Salz dazugegeben und habe dann alles mit einer großen Tasse voll Milch **lo-cker** verrührt.
Meis-tens gebe ich noch einen Schuss Wasser dazu. Bei mittlerer **Hit-ze** werden die Pfannkuchen dann in der Pfanne **ausgeba-cken**. Sie **schme-cken** immer so **le-cker**!
Zum Schluss **krat-ze** und **schle-cke** ich stets die Schüssel aus.

97 Wörter

st, ck und tz

Wie man **st, ck** und **tz** trennt, kannst du auf den Seiten 145 bis 148 nachlesen.

Eine Familie ist unterwegs

Familie Walter ist heute sehr früh **aufge-standen**, denn sie wollen den ganzen Tag auf dem Segelschiff verbringen.
Vater hat eine lange **Lis-te** mit Dingen auf ein Blatt **gekrit-zelt**, die sie nicht vergessen dürfen. Mutter **muss-te** die Kinder **we-cken**, das Baby **wi-ckeln** und darauf achten, dass alle gut **früh-stü-cken**.
Langsam wird die **Hit-ze** spürbar.
Die **rest-lichen** Sachen wie **De-cken**, Brote und **Lakrit-ze** für die Kinder werden eingepackt, dann fahren sie an die See. Die Kinder **sit-zen** auf ihren **Plät-zen** und erzählen sich **lus-tige Wit-ze**.
In der Ferne sehen sie nun schon die **Mas-ten** der Segelschiffe. Endlich kann es losgehen.

102 Wörter

7

7. Zeichensetzung

7.1 Grundlagen

Punkt

Am Ende eines Aussagesatzes steht ein Punkt. Das erste Wort des nächsten Satzes schreibst du immer groß. (Nina hat Husten. Sie kann heute nicht zur Schule gehen.)

Das Fahrrad

Ralfs Fahrrad ist kaputt**. Ein** Reifen ist platt**. Das** Licht brennt nicht**. Die** Klingel ist locker**. Die** Kette klappert**. Das** findet Vater nicht gut**. Er** repariert alles**.** **Ralf** wäre ein neues Fahrrad lieber gewesen**.**

36 Wörter

Doppelpunkt

Ein Doppelpunkt kündigt an, dass auf einen Satz noch etwas folgt, z. B. eine wörtliche Rede. Ein Doppelpunkt kann auch eine Aufzählung, Folgerung usw. ankündigen.

Der Einkaufszettel

Jan geht zum ersten Mal allein einkaufen. Seine Mutter sagt: „Schreibe dir einen Einkaufszettel. Dann vergisst du nichts.“ Jan überlegt, was er kaufen muss. Er schreibt auf: Wurst, Käse, Eier, Milch, Brot. Hat er auch nichts vergessen? Doch, die Gummibärchen!

44 Wörter

Ausrufezeichen

Das Ausrufezeichen steht nach Aus- oder Zurufen (Pfui! Achtung!) und nach Aufforderungen, Befehlen und hervorgehobenen Aussagen. (Gib es mir wieder!)

Ole kocht

Ole hat Nudeln mit Soße gekocht. Lene probiert. „Pfui Teufel! Das schmeckt ja schrecklich!“ Ole ist sauer. Er sagt: „Ich habe mir Mühe gegeben und die Nudeln extra lange gekocht. Nächstes Mal kochst du!“

36 Wörter

Fragezeichen

Am Ende eines Fragesatzes steht ein Fragezeichen. (Wo kommst du her? Kommst du mit zum Schwimmen? Willst du die Comics kaufen? Kannst du mir helfen?)

Die Schulordnung

Die Lehrerin spricht mit ihren Schülern über die Schulordnung. So vieles ist verboten. Jetzt sollen die Kinder aufschreiben, was sie den Rektor fragen wollen.
Simon möchte diese Fragen stellen:
Warum dürfen die Schüler nicht kommen und gehen, wann sie wollen?
Wieso darf man während des Unterrichts nicht essen, schwatzen und toben?
Warum verteilen die Lehrer Noten statt Kaugummi, Limonade und Kuchen?

Da wird Simon aufgerufen. Die Lehrerin fragt: „Welche Frage möchtest du dem Rektor zuerst stellen?" Was wird Simon wohl antworten?

83 Wörter

7.2 Wörtliche Rede

Vorangestellter Begleitsatz

Bei der wörtlichen Rede steht das, was gesagt wird, in Anführungszeichen. Auch die Satzzeichen Ausrufe- und Fragezeichen sowie Punkt stehen innerhalb der wörtlichen Rede. Aus dem Begleitsatz erfährt man, wer etwas sagt. Wird der Begleitsatz vorangestellt, setzt man einen Doppelpunkt an sein Ende. (Lina fragt: „Gehst du mit mir ins Schwimmbad?“)

Vergessen!

Das war ein Wochenende! Tante Barbara und Onkel Harald sind mit ihren Kindern und dem Hund gerade wieder abgefahren.
Da ruft Susi aus dem Bad: „Anna hat ihre Zahnbürste vergessen.“ Niklas schreit von oben: „Und hier liegt Simons Uhr.“ Mutter findet Onkel Haralds teure Pfeifentasche. Vater stolpert über eine Tüte mit Brot und Wurst. Er sagt: „Das wollte doch Tante Barbara zum Abendessen mitnehmen.“
Lena schleppt Hassos Hundeleine hinter sich her und seufzt: „Schade! Hätten sie doch die Hundeleine mitgenommen und Hasso hier vergessen!“

85 Wörter

Nachgestellter Begleitsatz

Wenn der Begleitsatz bei der wörtlichen Rede nachgestellt wird, musst du nach dem schließenden Anführungszeichen ein Komma setzen. Fragezeichen und Ausrufezeichen bleiben innerhalb der wörtlichen Rede erhalten. („Halt!", sagte der Polizist.) Einen Punkt setzt man innerhalb der wörtlichen Rede nicht, wenn der Begleitsatz nachgestellt wird. („Ich bin müde", sagte Lisa.)

Die Salzgewinnung

Jan sitzt mit seinen Eltern am Frühstückstisch und streut sich Salz über sein gekochtes Ei. „Woher kommt eigentlich das Salz?", möchte er plötzlich wissen. „Die größten Salzlager der Welt sind die Meere. Aus zwei Litern Meerwasser kann man etwa einen Teelöffel Salz gewinnen", antwortet Jans Vater. „Zwei Liter entsprechen zum Beispiel diesen beiden Milchflaschen hier auf dem Tisch", fügt die Mutter hinzu. „Ich dachte, Salz wird unter der Erde abgetragen", meint Jan erstaunt. „Das ist ebenso richtig. Aber auch dieses Salz stammt von Meeren. Sie sind vor langer Zeit ausgetrocknet und haben dicke Salzkrusten hinterlassen", erklärt der Vater. Zufrieden isst Jan sein gesalzenes Ei zu Ende.

108 Wörter

Voran- und nachgestellter Begleitsatz

Die wörtliche Rede steht immer in Anführungszeichen. Wenn der Begleitsatz vor der wörtlichen Rede steht, folgt ihm ein Doppelpunkt (siehe Seite 153). Wenn der Begleitsatz nachgestellt wird, dann wird er durch ein Komma abgetrennt (siehe Seite 154).

Auf den Mund gefallen

Katharina kommt aus der Pause zurück. Sie hat eine geschwollene Oberlippe. Ein bisschen blutet sie sogar. Jan ruft herausfordernd: „Du hast wohl eine kesse Lippe riskiert!“ „Oder ist dir etwa jemand über den Mund gefahren?“, fragt Carolin. „Ich weiß, du hast dir sicher wieder den Mund fusselig reden müssen“, lacht Tom. Lukas vermutet: „Bestimmt hat dir jemand das Wort im Mund herumdrehen wollen.“ „Sie hat wohl den Mund zu voll genommen“, flüstert Katrin, „oder hat ihr jemand den Mund gestopft?“ „Ach was, sie hat kein Blatt vor den Mund genommen“, grinst Ben schadenfroh.

Katharina wendet sich beleidigt ab: „Ihr seid ja so gemein! Ich bin doch wirklich auf den Mund gefallen.“

115 Wörter

4. KLASSE

7.3 Kommasetzung

Komma bei Aufzählungen

Das Komma trennt die Glieder einer Aufzählung. Stehen „und“ oder „oder“ zwischen den Gliedern der Aufzählung, setzt man kein Komma. (Lea liest gerne Krimis, Märchen, Comics und Gruselgeschichten.)

Zucker

Vielleicht ist dir schon einmal aufgefallen, dass es viele verschiedene Zuckersorten gibt. Es gibt Puderzucker, Hagelzucker, Würfelzucker, braunen Zucker und etliche weitere Zuckerarten. Der für uns bekannteste Zucker ist der feine, weiße Zucker. Wir verwenden ihn, wenn wir Kuchen, Plätzchen und Brot backen. Auch in den Kaffee, Tee oder ins Müsli machen viele Menschen Zucker. Tee wird allerdings oft mit Kandiszucker gesüßt. Wusstest du, dass in vielen Produkten wie Soßen, Suppen und Joghurt Zucker versteckt ist?
Die genannten Zuckerarten werden übrigens alle aus der Zuckerrübe oder dem Zuckerrohr hergestellt. Bananen, Äpfel, Kirschen, Birnen und all die weiteren Obstsorten enthalten Fruchtzucker.

101 Wörter

Komma bei und/oder

Werden zwei Sätze mit **und** oder **oder** verbunden, dann muss kein Komma gesetzt werden, man kann es aber setzen. (Ich schwimme gerne(,) und mein Bruder spielt gerne Fußball.)

Die Formel 1 im Radio

Wieder einmal haben sich Tausende von Menschen versammelt(,) und sie alle wollen ein spannendes Autorennen verfolgen. Der Start wird wie immer ausschlaggebend für den Rennverlauf sein(,) oder sind Sie zu Hause anderer Meinung? Die Motoren heulen(,) und man sieht die Fahrer angespannt in ihren Autos sitzen. In diesem Moment gehen sie in die erste Runde(,) und es hat sich schon ein Fahrer leicht absetzen können. Ist gerade ein Unfall passiert(,) oder ist ein Fahrer ins Kiesbett gerast? Ich kann es nicht sehen. Soeben wird die weiß-schwarze Flagge hin und her gewirbelt(,) und der Sieger steht fest.

101 Wörter

Komma bei aber/denn

Vor die Bindewörter **aber** und **denn** musst du ein Komma setzen. (Ich mag Deutsch, aber Mathe finde ich schrecklich. Wir fahren im Urlaub ans Meer, denn dort scheint meistens die Sonne.)

Die Katze

Katzen können gut klettern, denn sie haben einen sehr gut ausgebildeten Gleichgewichtssinn und zudem spitze Krallen, mit denen sie Halt finden.
Die Krallen bestehen, wie unsere Nägel, aus Horn, aber Katzen können sie einziehen, wir nicht. Das ist wichtig für die Tiere, denn auf diese Weise können sie leise schleichen.
Viele Katzenbesitzer haben Angst, wenn ihr Tier hoch oben auf einem Baum sitzt, aber diese müssen sie nicht haben. Fällt eine Katze, so passiert ihr in aller Regel nichts, denn sie kann sich so schnell in der Luft drehen, dass sie auf ihren Pfoten landet.

97 Wörter

Bindewörter

Sätze mit Bindewörtern wie **wenn, weil, als, da, während, ob, sobald, obwohl, bis, sondern** werden durch ein Komma abgetrennt. (Sie freut sich, weil sie eine gute Note bekommen hat. Lena liest, während ihre Freundinnen Verstecken spielen. Wenn die Sonne untergeht, müssen sie nach Hause. Sie spielen draußen, obwohl es kalt ist.)

Geheimnisse

Etwas hat sich verändert im Haus. **Wenn** die Eltern vom Einkaufen kommen, klingeln sie nicht wie sonst, **sondern** schließen leise die Tür auf und schleichen sich herein. Anschließend hört man die Kellertür klappen. Was haben die Eltern schon wieder im Keller zu tun?
Auch die Kinder benehmen sich äußerst merkwürdig, **denn** wenn sie aus der Schule kommen, stöhnen sie auffällig laut über ihre Hausaufgaben und verziehen sich gleich in ihr Zimmer. **Obwohl** die Mutter sie besuchen darf, muss sie immer zuerst anklopfen oder manchmal sehr lange draußen warten, **bis** sie hereingelassen wird.
Was ist los in diesem Haus?

99 Wörter

Die richtigen Nachschlagewerke für die Grundschule

DEUTSCH

Das Grundschulwörterbuch
Das Nachschlagewerk von A bis Z
Ab der 2. Klasse
240 Seiten. Kartoniert
ISBN 978-3-411-06064-1
Mit Trainings-CD-ROM
ISBN 978-3-411-72461-1

Das Grundschulwörterbuch
Sag es besser!
Mit sinnverwandten Wörtern und Synonymen für abwechslungsreiches Schreiben
Ab der 2. Klasse
192 Seiten. Kartoniert
ISBN 978-3-411-72051-4

Basiswissen Grundschule – Deutsch
Das gesamte Grundschulwissen in einer cleveren Kombination aus Buch und CD-ROM
Ab der 1. Klasse
192 Seiten. Gebunden
ISBN 978-3-411-72071-2

ENGLISCH

Das Grundschulwörterbuch Englisch
Das zweisprachige Nachschlagewerk von A bis Z
Ab der 3. Klasse
192 Seiten. Kartoniert
ISBN 978-3-411-71941-9
Mit Aussprachetrainer auf CD-ROM
ISBN 978-3-411-72401-7

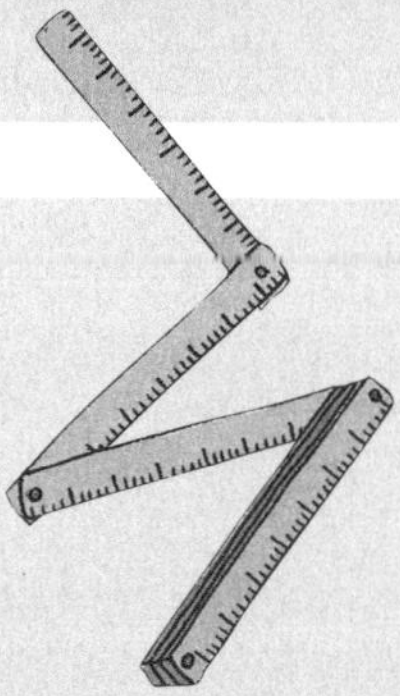

MATHEMATIK

Basiswissen Grundschule – Mathematik
Das gesamte Grundschulwissen in einer cleveren Kombination aus Buch und CD-ROM
Ab der 1. Klasse
192 Seiten. Gebunden
ISBN 978-3-411-72061-3

Ihre Meinung ist uns wichtig! Wie gefällt Ihnen dieses Buch?
Wir freuen uns auf Ihre Rückmeldung unter **www.duden.de/meinung**